非上市公司股权激励一本通

股权激励实务百问百答

杨　甜——著

法律出版社
LAW PRESS · CHINA
——北京——

图书在版编目(CIP)数据

非上市公司股权激励一本通:股权激励实务百问百答/杨甜著. -- 北京:法律出版社,2024
ISBN 978-7-5197-8935-0

Ⅰ.①非… Ⅱ.①杨… Ⅲ.①股权激励-中国-问题解答 Ⅳ.①F272.923-44

中国国家版本馆CIP数据核字(2024)第054401号

非上市公司股权激励一本通
——股权激励实务百问百答
FEISHANGSHI GONGSI GUQUAN JILI YIBENTONG
—GUQUAN JILI SHIWU BAIWEN BAIDA

杨 甜 著

策划编辑 周 洁 林 蕊
责任编辑 周 洁
装帧设计 李 瞻

出版发行 法律出版社
编辑统筹 司法实务出版分社
责任校对 王语童
责任印制 胡晓雅
经 销 新华书店

开本 710毫米×1000毫米 1/16
印张 15 **字数** 198千
版本 2024年6月第1版
印次 2024年6月第1次印刷
印刷 三河市兴达印务有限公司

地址:北京市丰台区莲花池西里7号(100073)
网址:www.lawpress.com.cn
投稿邮箱:info@lawpress.com.cn
举报盗版邮箱:jbwq@lawpress.com.cn
销售电话:010-83938349
客服电话:010-83938350
咨询电话:010-63939796

书号:ISBN 978-7-5197-8935-0
定价:68.00元
凡购买本社图书,如有印装错误,我社负责退换。电话:010-83938349

序　言

20世纪60年代美国经济学家舒尔茨和贝克尔创立人力资本理论，将企业中的人作为资本来进行投资与管理。在过去企业注重对机器、厂房、设备等物质资料的投入，而进入信息化时代市场竞争越来越激烈，人才逐渐成为企业核心的资源，掌握一定管理经验和核心技术的特殊人才具有一般劳动力无法比拟的稀缺性，能够为企业带来极大的剩余价值。比尔·盖茨曾说，“一个公司的成功取决于它的员工”，那如何吸引和留住优秀人才呢？在过去几年股权激励在上市公司中已经成为一种常态化的工具，非上市公司也越来越重视与运用股权激励的方式吸引和保留企业高级管理人才与核心骨干。杨甜律师的《非上市公司股权激励一本通——股权激励实务百问百答》这本书为我们提供了一个全面而深入的视角，帮助理解股权激励这一复杂但对企业至关重要的工具。

本人作为全国优秀律师事务所和浙江省服务业领军企业的六和律师事务所的创始人，曾担任两届浙江省律师协会会长，现兼任中华全国律师协会副会长，在法律服务领域见证了无数企业在成长和扩张的过程中面临的挑战，尤其是在人才激励和资本运作方面。股权激励不仅是一个管理工具，更是一种法律机制，它需要精心设计和专业执行，以确保符合外法内规和商道，同时实现企业的长期目标。本书的作者杨甜律师系本所高级合伙人和公司部主任，我们亲切地称呼她为“甜律师”，作为一名资深的律师和股权激励领域的实干家，她通过丰富的案例分析和法律条文解读，为我们展示了股权激励的多维度价值。书中不仅介绍了非上市公司股权激励的各种模式，还讨论了股权激励计划在制订过程中应当考量的因素，还涉及税务考量、合同起草以及与激励相关的法律风险管理，这些都是实施股权激励时不可或缺的考量因素。特别值得一提的是，作者在书中对于非上市公司特有的股权结构和治理模式给予了充分的关注，这有助于我们律师在为客户提供服务时更加精准地把握企业的实际需求，设计出既合法合规又具有激励效果的股权激励方案。

本人强烈推荐这本书给所有致力于企业法律服务的同行，以及对股权激励感兴趣的企业家、高级管理者、财务顾问。它不仅是一本理论指导书籍，更是一本实践操作的工具手册。相信通过阅读这本书，不管是法律服务从业者还是企业经营管理者，都能在非上市公司的股权激励领域有所收获和启发。

中华全国律师协会副会长、六和律师事务所首席合伙人

2024 年 5 月

前　言

2023年是复杂、不确定、变幻莫测的一年，然而，对于所有的企业来说，可能只有一个字来形容最合适——“难”。

作为股权律师，也是担任数十家民营企业的常年法律顾问，我可以深切地感受到它们的难。市场竞争越来越激烈，外部环境越来越复杂，生意越来越难做，赚钱越来越难，人才也越来越“贵”，越来越难寻、难请、难留。人力资本时代，“人”是最重要的生产力，在各种因素的影响下，股权激励对企业经营的积极作用及重要性进一步凸显。作为引进人才、留住人才、绑定人才的利器，股权激励使企业与员工实现利益共赢的同时，实际上也在引导员工坚持长期主义，缓解企业短期的现金压力，推动企业与员工的“双向奔赴”。

根据上市公司公告的股权激励计划，2023年仍然是股权激励火热的一年，虽然股权激励的实施数量、规模呈波动态势，但是中国企业对股权激励的底层需求仍在持续。随着创业者、高端人才们对股权激励的认知越来越深入，市场对专业化、个性化股权激励的需求持续升温。

在这样的大环境下，了解股权激励的本质，避免股权激励的误区，掌握股权激励的实务技巧，对创业者、企业家、高端人才来说都尤为必要。本书主要从非上市公司股权激励的视角出发，结合作者团队多年的实务经验，通过“一问一答+案例延展+案例启示”的行文结构，尝试将复杂问题简单化，让读者可以轻松阅读，随手阅读，从任何一个感兴趣的问题去翻阅，从任何一个有共鸣的案例去思考，从而可以有所收获，有所启发，有所借鉴与帮助。

未来已来，乌卡时代一路前行的人们必须是理性乐观的。谨以此书献给所有的理性乐观派，献给这个时代的孤勇者，未来信心是黄金。

最后，我要特别感谢中华全国律师协会副会长、六和律师事务所首席合伙人郑金都先生，六和律师事务所高级合伙人张彬彬律师，六和律师事务所合伙人李炜荔律师，以及所有在本书的创作过程中提供了宝贵意见和帮助的同事和朋友，有了大家的意见和帮助本书才变得更好。

杨甜

2023 年 12 月于杭州

目　录

基础篇

提升篇

进 阶 篇

行　业　篇

附　　录

基 础 篇

合抱之木，生于毫末；
九层之台，起于累土；
千里之行，始于足下。
——《道德经》

第 1～2 问：什么是公司股权？股权的特点是什么？

答：公司股权即公司股东的权利。广义的股权，泛指股东得以向公司主张的各种权利；狭义的股权，则仅指股东基于股东资格而享有的、从公司获得经济利益并参与公司经营管理的权利。这样一看似乎又抽象了起来，让我们用图 1 清晰地告诉大家。

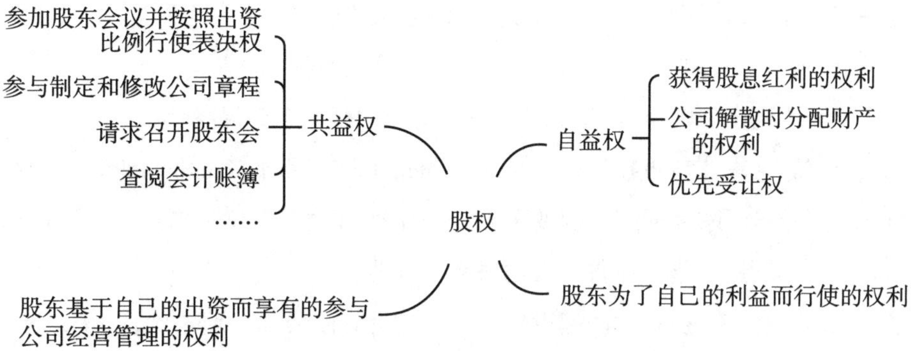

图 1　股权的内容

股权具有共益权和自益权两种权能。自益权是财产性权利，包括分红权、新股优先认购权、股份转让权以及剩余财产分配权等；共益权则是人身性权利，包括一定方式的表决权、召开临时股东会议请求权、公司文件的查阅权、重大经营决策权以及选择管理者权等。股权的上述权能，造就了它的基本特点，就是同时具备人身权和财产权双重法律属性，股权是两种权利的复合。

案例延展：

杭州 HY 百货有限公司成立于 2000 年 11 月 3 日，注册资本为 50 万元，徐某 1 担任该公司的法定代表人和执行董事。该公司的股权结构为：徐某 1 占股 40%，徐某 2 占股 30%，何某占股 30%。

2011 年 1 月，徐某 1 因年迈体弱遂将公司事务授权小股东徐某 2 管理。2015 年，徐某 1 偶然得知自己竟然不是杭州 HY 百货有限公司股东，到原工商局查询其才知，2013 年 3 月 24 日，有人冒用徐某 1 的签名在两份股权转让协议和一份同意股权转让的股东会决议上签字，将徐某 1 在杭州 HY 百货有限公司的 40% 股权转让给案外人 X 和 Y。于同日，杭州 HY 百货有限公司又形成了一份修改公司章程，免去徐某 1 的法定代表人、执行董事（兼经理）职务，选举徐某 2 为杭州 HY 百货有限公司本届执行董事（兼经理）、法定代表人等内容的决议。并以以上伪造的文件向杭州市上城区工商管理局申请变更登记。变更过后现在杭州 HY 百货有限公司的法定代表人为徐某 2，股东为徐某 2、何某、X 和 Y。

徐某 1 遂于 2015 年 6 月 1 日向杭州市上城区原工商局投诉杭州 HY 百货有限公司存在虚假变更登记的情况，杭州市上城区原工商局非常重视，于同年 6 月 3 日给予书面回复，因变更登记时工商行政部门仅是形式审查所以当时未审查出问题，指示原告寻求司法途径救助。

之后，徐某 1 委托律师起诉杭州 HY 百货有限公司，请求确认 2013 年 3 月 24 日的两份公司股东会决议无效（其中一份为同意股权转让的决议，另一份为同意修改公司章程的决议）；请求杭州 HY 百货有限公司立即至工商行政管理部门撤销依据上述股东会决议进行股权变更、法定代表人变更的相关工商登记，获得胜诉。

案例启示：

这个案件是笔者团队办理的案件，充分体现了如何维护股东的合法权利。这个案件比较典型的意义在于，被告的行为既侵犯了股东的自益权，又侵犯了股东的共益权，不仅剥夺了股东的财产性权利，冒名签字转让了股东名下的股权，更未保证股东参与股东会会议，未保证股东依据公司章程和《公司法》规定按照出资比例行使表决权的权利。最终当事人拿起法律武器维护了自身作为公司股东的合法权利。

补充说明一点，对于股东会决议中股东签名被伪造的情形，这个案件中请求的是确认股东会决议“无效”，当时法律是没有股东会决议“不成立”之说的，只有“撤销”和“无效”，所以只能选择确认股东会决议“无效”。而按照现行《公司法》及《最高人民法院关于适用〈中华人民共和国公司法〉若干问题的规定（四）》，若本案伪造股东签名的股东会决议存在股东会未召开的情形，则股东会决议“不成立”。

第3问：什么是股权激励制度？

答：股权激励制度，是指经过公司股东会同意，通过一定的流程授予被激励对象一定数量的股权或股权性财产权益，从而激励员工站在企业所有者的角度思考问题，参与企业的经营决策，分享企业的成长收益，并承担企业经营风险的一种制度。该制度可以实现有效吸引公司所需人才，合理激励在岗核心员工，实现员工行为与企业长期发展保持一致的目的。同时，股权激励制度还包含一定的约束，通过要求被激励对象签署法律文件等方式，实现公司对其相关义务的锁定，保持公司团队稳定性，从而形成公司、股东、员工共赢的命运共同体形态。

股权激励制度目前在上市公司的适用逐年增加，也越来越受到各板块上市公司的重视，不过股权激励制度绝非只能在上市公司实施。一些成长性良好、竞争相对激烈、人才需求旺盛的中小非上市公司，更具有实施股权激励制度的现实需求。比如华为公司等国内外知名企业的成功，很大一部分源于企业推行卓有成效的股权激励制度。笔者团队认为股权激励制度在人力资本驱动发展的当今社会，具有其特殊的正向赋能作用，适用前景广阔，未来将会有越来越多的上市公司和非上市公司实施。

案例延展：乔家大院

清光绪年间，大德通票号的东家乔致庸就规定“各号伙计出师后顶一份身股”，获得资格是一定的工作年限和工作业绩。身股制等级层次分明，从伙计到大掌柜分别为0.5厘至10厘（1分），即一共有19个等级。

其中，掌柜的身股数量由东家决定，伙计的身股数量由东家和掌柜共同决定。身股与银股同股同分红，即身股分红和银股分红，在同一个利润盘子里分配，伙计的个人身股分红 = 个人拥有身股数/（所有银股数 + 所有身股数）×可分利润。

近20年中，乔东家虽然把一半的红利分给了员工，但他的收益是18年前的18.81倍，足见股权激励的共赢作用。另外，乔家规定，顶身股的伙计没有年薪，只有分红。这是指员工没有固定工资，必须要努力去拿绩效工资，这种打法是老板最喜欢的，没有成本压力。那么，伙计平时要生活，要购房怎么办呢？乔东家规定，伙计每个季度可以领取一次“应支银”，按每厘30～50两银子计算，到分红时将所领应支银扣除。身股数量不是一劳永逸的，是根据资历、贡献变化而调整的。其中能力强、贡献大的伙计，身股数量增长快；能力弱、业绩不佳的伙计，身股数量增长慢，如果工作有差错甚至会被取消。对于在乔家工作满30年、没有重大过错的大掌柜，乔家保留其身股，养一辈子，直至其过世。

案例启示：

乔家大院的“身股与银股”制度可以说是我国最早的“股权激励制度”，从中我们可以看到古人的智慧以及实施股权激励的魅力。乔致庸的股权激励案例已经有了定量、定规、定退出等股权激励的初步机制，这些机制的设定关乎股权激励的成功与否，无论是过去还是当下都是股权激励计划制定需要关注的重要细节。

第4问：股权激励的目的主要有哪些？（主要针对非上市公司）

答：第一，留住关键人才。随着人力资本时代的到来，大众创业化、人才移动化、人力资本化已经成为大势所趋。股权激励制度可以使员工有机会成为创业合伙人，马斯洛需求层次理论中的被尊重、被看见需求得以实现，而且和老板一起创业比自己创业风险小很多，成功的概率会大很多，这是很有吸引力的。另外，企业辛辛苦苦培养出来的员工也可能会被竞争对手“挖墙脚”，也会容易出现人才流失，而股权激励制度可以使员工拥有企业归属感，不轻易离开企业，从而实现留住人才的目的。

第二，激发员工的积极性。股权激励制度使员工从企业所有者的角度出发参与企业的经营决策，分享企业的成长收益。企业的成长直接关乎员工的收益，这使员工更加积极地参与工作，真正从“要我干”变成“我要干”，具备充分的主人翁意识。另外员工把企业看成自己的，也更能充分发挥创新精神。

第三，吸引核心人才。随着股权激励作为一种长期激励模式包含在全面薪酬体系的概念被越来越多人接受，一家企业在招募员工时具有股权激励的计划显然比没有这些计划的用人单位具备一定的优势，更能够吸引具有长期眼光的员工加盟，从而充实企业的人才库。

第四，金色降落伞，解决企业员工新老更替的困境。有一些员工从公司创业初期入职，一干就是十几年，甚至几十年，此时公司难免会出现人才新老交替的特殊转型期，出现“老人占位无为，新人难上位也无为”的局面，运用股权激励的方式可以使得“老人”从高管的位置退下来，将位置交给有能力的年轻人，让企业焕发新的活力。

第五，约束高管，实现共赢。股东是公司的所有者，而高管是企业的经营管理者，股东和高管之间是委托代理关系。因为这种委托代理关系，股东和高管掌握的信息和目标往往是不一致的。这就可能导致职业经理人做出损害企业长期发展的短期行为。而股权激励使得高管具备了股东和职业经理人的双重身份，可以约束高管的短期行为，引导高管从股东的视角看待企业经营发展问题，促进企业长期可持续发展，实现共赢。

第六，规范公司治理和内部管理。非上市公司在早期飞速发展过程中往往更关注企业的业绩和对外经营情况，“活下去”是第一位，所以内部的公司治理和企业管理相对薄弱。股权激励制度可以倒逼企业自发地重视公司治理，完善各种内部管理制度，从而使得公司治理和内部管理更加规范。股权激励制度的建立，将强化高管层的自我约束，进一步明确股东会、董事会、监事会、高管层这“三会一层”各自的责、权、利，使得公司治理结构更为合理、健康，有利于公司更加规范地经营发展。在内部管理层面，股权激励制度是内部管理制度的一个重要组成部分，必须与公司内部的人事薪酬、人事管理、人事考核等制度相挂钩，所以也可以倒逼企业对各项管理制度进行规范。

第七，融小资、测忠心。非上市公司的股权激励方式有很多种，如果需要员工出资购买公司股权，无论是期权的激励模式还是限制性股权的激励模式，都可能帮助公司融进一部分资金。华为公司早期的股权激励，鼓励员工出资购股，融到了不少资金。当然现在的法律制度在不断优化与成熟，非上市公司要警惕非法吸收公众存款的法律风险，不建议在内部大范围鼓励员工出资入股。另外，测忠心这一目的也很明确，通过核心员工最终是否愿意参与股权激励计划，是否愿意出资与公司一起成长，可以看出核心员工是否看好公司的未来，是否愿意与公司共进退。

案例延展：联想公司

联想原是典型的国有企业，产权与实际经营者严重脱钩，企业经营效率低下。1993 年，以柳传志为首的经营管理团队与国资股东约定，企业产权仍属于国家，大方向国资决定，日常经营权归经营管理团队，管理团队达到事先约定的业绩，可以获得 35% 的分红。1998 年，联想赶赴香港上市，那个时候管理团队的 35% 干股分红已转化为期权，被称为股权认购权。这个 35% 的股权如何分，以柳传志为首的经营管理团队把联想股权激励计划的激励股权分成了三部分：第一部分给予 20 世纪 80 年代就加入联想，现在仍在企业的员工。为什么要考虑这些员工？因为这些人创造了企业的历史价值，虽然未来可能不能和公司走得更远，但是基于历史，必须要给予股权。同时拿到股权的人，可以让出重要位置，给予更合适的人。一个公司对待老员工的态度，体现了公司对历史的尊重和人文情怀。不考虑老员工，很容易让当下的员工有兔死狐悲之感。所以要考虑老员工，但是不能太多，当时联想用了35%股权里面的35%拿来激励创业员工，这是第一大块。第二部分给予了正在干活的核心骨干，是当下创造公司业绩的人，要激励他们更努力去创造更多的业绩。当时联想用了35%股权里面的20%对这部分人给予激励。第三部分是留存，留给未来。未来公司需要引进更多的人才，要为未来的人才留下空间。同时，现在的骨干如果取得更大的成绩，也需要有激励的空间。现金没了可以再挣，股权不一样，股权是一个稀缺资源，所以一定要留存，需要有动态调整的空间，这部分联想用了35%股权里的45%来占比。

案例启示：

从联想的股权激励计划就可以看出股权激励目的，**一是回报安抚老员工，授予老员工激励股权，让他们愿意从高管位置下来，将位置交给有能力的年轻人，从而完成新老人才的交替；二是激励正在干活的核心骨干，股权激励不仅可以约束高管的短期行为，使其寻求与股东的利益共同点，实现企业可持续发展，还可以激发高管的工作积极性，促进创新；三是留存一部分以吸引、留住核心人才，使得企业的股权有动态调整的空间。**

第5问：股权激励相较于传统绩效（现金）奖励的优势是什么？

答：股权激励相较于传统绩效（现金）奖励的优势需要从以下几个方面去看：

第一，在股权激励制度下，激励对象收入以分红与股权的增值收益为主，是一种老板与员工利益共享的机制，更加有利于公司的长远发展。而员工的绩效奖金本质上属于管理费用，属于股东分得利润之前先要扣除的成本费用，员工的绩效收入和老板的企业利润之间是你多我少的关系。

第二，股权激励的本质是用企业未来在资本市场的钱去激励当下员工去努力与付出，具有递延发放的特征，引导员工坚持长期主义。而传统绩效不具备该项功能，通常企业与员工都会约定在绩效达标的当下发放相应奖金，及时兑现虽然对于员工来说具有很大的振奋作用，但一定程度也影响企业的现金流。

第三，从激励效果来看，股权激励具有更多的期待性，想象空间更大，无论是中短期的分红收益还是长期的以资本市场为导向的原始股，都可以通过规则设计，获得很大的想象空间。而绩效奖金，通常是“上有封顶”，完成相应业绩，获得一定额度的奖金，在这样的制度设计下，员工的心态就是完成业绩就行，往上再无奋斗动力。

第四，股权激励引导员工从“让我干”变成“我要干”，倡导员工自我管理，使其真正具有主人翁意识，把员工变成股东的模式使管理变得更高效、更融合，促进公司形成扁平化治理结构。而绩效奖金归根到底是一种自上而下的管理模式，老板制定指标，员工完成即可拿到一定的现金奖励，这种制度是防范性的、制约性的管理模式，对于员工的主观能动性的激发通常不如股权激励。

案例延展：

小米在创业阶段的薪酬策略。根据公开披露的信息，当时小米主要设置了三种劳动报酬组合方案供员工挑选：第一种是与跨国公司一样的薪资待遇（高工资），不拿股权；第二种是相当于跨国公司 2/3 的薪资待遇（中工资）+一定数量的股权；第三种是相当于跨国公司 1/3 的薪资待遇（低工资）+高额股权。最后 10% 的员工选择第一种模式，拿高工资，80% 的员工选择第二种，还有 10% 的员工选择了“低工资+高股权”的模式。将选择权交给员工也是小米股权激励的智慧。

案例启示：

我们认为小米这种"短期激励＋长期激励"结合的方式不仅符合公司发展初期的实际情况，公司股权价值尚未真正显现，还考虑了员工的心理预期，结合了员工的眼前利益与长远利益，给予员工选择权。这对于公司人才的培养、人才的选择、人才梯队的建设以及可持续发展均很有裨益。企业发展的不同阶段，股权激励计划都要进行个性化设计与规划，适合的才是最好的。

第6～7问：股权激励制度有没有缺点呢？是什么？

答：一项制度必定有其优势，也有缺点，股权激励制度也不例外。

第一，容易出现"搭便车"，激励对象工作动力不足的情况。"搭便车"有两种情况，一种是主观上故意为之，另一种是客观上被动出现。主观上故意为之的最大可能是激励股权的投资收益远远超过了个人的劳动工资报酬，股权投资收益占比太大，即激励股权的数量太多且考核条件过于简单。试想如果核心员工轻轻松松拿到的股权收益远远高于工资报酬，那么其工作动力自然是不足的。对其来说，要不要工资都无所谓，只要股权收益保证就可以了。被激励对象工作动力不足最大可能是激励对象选择的问题以及考核条件的设置问题，如果股权激励对象无论再怎么努力，都无法达到考核条件，或者都不足以影响公司整体的、长远的盈利能力，那么工作动力也无法提升，股权激励就成了"画大饼"，起到的不是正向的激励作用，而是消极的反作用了。

第二，容易出现道德风险，引发投机行为。这里说的道德风险，是指股权激励对象是公司的高管的情况下，他们可以通过短期的一些行为，比如提升业绩或披露公司重大利好消息来抬高短期的股价（非上市公司也可以提升估值影响股价），因为他们的行权价格相对较低，那么在行权完毕后就可以高价出手，获得更高收益。当然，这种现象在上市公司中发生的可能性更大一些，毕竟非上市公司激励股权的流通性是很大的问题。

第三，容易出现公司管理制度跟不上股权激励的情形，从而引发人事变动。股权激励制度不是孤立的，它需要公司的顶层股权结构清晰、公司治理制度完善、劳动人事管理制度规范。如果公司中的这些规范都不清晰就开始实施股权激励，反而容易引发公司人事动荡，起到反效果。

案例延展：

A公司主要经营大数据、云计算业务，该公司创始人打算对核心团队实施股权激励。但是，由于该公司发展处于早期，在律师进行股权激励相关尽职调查的时候，发现该公司的基础人事管理制度、薪酬管理制度等规章制度都不健全，尤其是薪酬管理制度比较粗放，很多高管的综合薪酬评定都是老板最后“拍脑袋”决策。所以后续老板和律师在探讨股权激励的数量，以及是否影响当下综合薪酬的问题时发生了严重的分歧，最直接的结果是无法精准化分割综合薪资，只能在不改变激励对象当下综合薪资的情况下实施股权激励。

案例启示：

这个案例带给我们的启示就是，股权激励制度不是万能药，制度也存在缺陷。如果公司发展处于早期，各项管理制度比较粗放，那么在股权激励方案实施的时候就会遇到很多问题，使得股权激励制度的一些优点无法体现。比如在上面的案例中，股权激励无法包含到当下的综合薪酬，只能在不改变激励对象当下综合薪资的情况下实施股权激励，无法给员工选择权，也无法筛选核心团队的“奋斗者”。

第 8 ~ 9 问：哪些企业适合实施股权激励？为什么？

答：第一，企业在竞争激烈的行业领域比较适合实施股权激励。如果企业本身的行业是垄断行业，比如烟草、电力等行业，那么企业的可持续发展相对更依赖资源、资质，相对来讲人才的重要性位居其次。而身处激烈竞争行业的企业对于人才的需求会更迫切、更依赖，人才是公司发展的核心竞争力，能否留住关键人才有的时候甚至关系到公司的生死存亡。因此对于这类企业来说，比较适合实施股权激励制度。比如高科技行业的企业实施股权激励可以激发员工的创新激情，提高企业的核心竞争力。

第二，处于快速发展上升期的公司。在这类公司实行股权激励时，由于公司的前景是积极向上的，身在内部的核心员工是完全有认知的，这样的激励才是真正地分享企业的未来，能真正起到稳定建设人才梯队，为企业的长远发展储备人才的作用。另外，员工对公司发展前景预期好就会更愿意出资成为公司的持股者，从员工转换成企业的股东，与公司形成利益共同体。

第三，民企比国企更适合实施股权激励。囿于国有企业所有权与经营权分离的特征，如果管理层权力过大，很容易形成内部控制人的情形，所以国有企业实施股权激励相对约束规则比较多，推动的难度也会比较大。而相对来说，民营企业就没有这些束缚，只要所有股东形成一致意见，同意释放部分股权去激励核心团队，大家齐心协力把企业未来的"蛋糕"做大，形成利益共同体，共创价值，股权激励的实施和落地相对就会顺利很多。

第四，长期发展潜力较大的企业。股权激励属于长期激励，只有具有长期发展潜力的企业才能让核心员工愿意与企业共同成长，愿意加入企业的股权激励计划。现在的核心优秀人才与企业之间都是双向选择，要让核心员工看到企业的可持续发展潜力与美好未来。

需要注意的是，股权激励并非适用于所有企业，具体是否采用股权激励应根据企业的自身的实际情况、运营模式、发展阶段和战略目标来综合考虑。

案例延展：大武百货的股权激励失败案例①

2008 年，大武百货冲刺上市未成功，开始布局内部股权激励的股改方案，方案的部分内容如下：1. 凡实行股改的下属单位，集团入股 10% ~ 40%；2. 根据与集团签订的年度责任书，各事业部按照入股比例分红，但年分红率不超过 36%，实行实质性股改的单位分红率上不封顶；3. 集团确保员工利益，若单位年分红不足 10%，则由集团公司保底分红 10%；4. 员工中途离职或特殊情况需要退股，则以实际入股时间，参照银行同期利率按照 4% 计息回购，同时不享受年终分红；5. 因家庭原因急需用钱，公司可以提供额度在股本金范围之内，期限不超过 6 个月的短期借款，借款利息按照年息 10% 核算；6. 下属单位多余的资金原则上入股上一级总公司，享受固定的分红模式，年分红率第一年为 15%，以后每年另行确定，以当年集团公司文件为准……以上方案是集团公司老总与几位高管商量后直接制定，并未与下属子公司核心员工沟通，结果方案公布后，没有任何员工响应，股权激励计划失败。

案例启示：

从这个案例我们可以知道股权激励需要注意的三点：第一，股权激励需要企业成长能力的支撑，使员工对公司未来有所期待，才能达到理想中的效果。如果企业的整体走向和趋势不是欣欣向荣的，甚至有下行的趋势和苗头，这样的阶段不适合匆忙实施股权激励。第二，在股权激励计划的实施过程中公司和员工的沟通很重要，股权激励的价值需要根据企业对未来业务增长的预期，与员工沟通公司未来股票价值的增长空间，使员工对未来有所期待，所以一定层面的信息对称是需要的，信任是股权激励计划成功实施的基础。

① 参见唐伟、牟红：《种下股权的苹果树：56 大股权场景实操》，机械工业出版社 2016 年版。

第三，实施股权激励需要注重财务细节。企业在不断做大做强的过程中，必须健全和完善财务制度，财务制度的规范和健全是企业规范经营的必经之路，也是股权激励计划能够落地的“土壤”。

第10问：非上市公司股权激励的主要模式有哪些？

答：股权激励的方式有很多，比如股票期权（Stock Option）、限制性股票单位（RSU）、限制性股票奖励（RSA）、虚拟股权（Phantom Stock）、股票增值权（SARs）、绩效单位计划（PUP）、员工股票购买计划（ESPP）、员工持股计划（ESOP）、延期支付计划（DCP）等。目前非上市公司最常用的主要模式是股票期权、限制性股票、虚拟股权。股权期权又称股权认购权，是指公司授予员工在一定期限内，按事先约定的价格出资购买一定数量股票的权利，到期是否行权购买属于激励对象的权利，一般分为授予、成熟、行权、退出四个阶段。限制性股票与股票期权不同，授予的时候激励对象就需要出资购买，只是价格通常会低于市场价，所以激励对象购买股票的权利是受限制的，不能自由转让，只有在约定的条件达成，解锁期满，激励对象才可以获得有完整所有权的股票，一般分为授予、成熟、解锁、退出四个阶段。虚拟股权是指公司现有股东授予激励对象一定数量虚拟的股份，虚拟股权不对外登记，只在公司内部有效。激励对象没有虚拟股权项下的表决权、转让权和继承权等权利，只有分红权与增值权，虚拟股权可以是0元购买，也可以像华为公司一样有内部大家认可的计算标准对应的价格，激励对象离开公司将失去继续分享公司价值增长的权利，也即丧失虚拟股权对应的权利，人走股留。

案例延展：英特尔公司的期权

英特尔公司从1984年开始面向公司的高管授予股票期权，主要用于对高管的年度管理绩效的奖励。1999 年英特尔公司对经过管理部门的推荐或者公司补偿委员会批准的高管授予股票期权。股票期权授予数量取决于以下几个公司内部因素，如前一次赠与的数量、过去几年中的工作贡献和工作范围等。一般而言，最初授予的股票期权在授予 5 年后才可以行权。英特尔公司在 1984 年的股票期权计划中提出公司会在非经常情况下对主要高管和其他高级员工赠与额外的股票期权，以认可他们在未来领导公司前进中的潜力。这类股票期权的授予等待期一般要长于普通股票期权的授予等待期。这一做法在全球 IT 行业持续向上的时候为英特尔公司吸引并保留了大量行业内的顶尖人才，大大提高了该公司的核心竞争力。

案例启示：

股票期权的激励模式就是当下授予的不是实际股权，而是股票认购权，即授予的时候先约定将来一定期限届满，满足一定的业绩条件，激励对象可以按照授予时候的价格来购买一定数量的公司股权。这种激励模式的好处就在于激励对象不必当下花钱，但是有很强的期待性，未来如果业绩达标，公司股价蒸蒸日上，那么买进就等于赚钱，员工的股权激励体验会非常好。

大量的互联网公司会白送期权，即股票期权授予价格为 0 元，如果公司未来价值陡增，股价上升，那么股权激励的效果会更强。

第 11 ~ 12 问：股权激励的常用激励模式的特点是什么？优劣是什么？

答：期权激励模式的特点是，对于激励对象来说风险相对较小，授予的时候并不需要激励对象立刻出资购买，有一个过渡期，如果将来期权成熟，激励对象有权出资购买的时候公司的股价是增值的，那么激励对象以事先约定的价格买进，就等于员工心理层面赚进了，如果将来行权出资购买的时候，公司的股价是下降的，激励对象可以选择不行权，所以总体来说激励对象风险较小。正因为有这种特点，所以股票期权适合短期爆发力比较强的企业，引导员工关注未来。限制性股票的激励模式，授予股票的时候就需要激励对象出资，但是相对于市场价有折扣，所以对被激励对象的现实激励性强，捆绑性也强，一旦激励对象选择购买，就会和企业长期捆绑，共进退。虚拟股权的激励模式可赠与也可由激励对象出资购买，操作比较简单，因为没有外部法律身份，所以只要内部登记，不影响公司原股东的股权比例，离开即失效。

基于以上的特征，我们总结了表 1 来分析三种主要模式的优劣势：

表 1　三种股权激励类型比较

股权激励类型	优点	缺点
期权	当期不出资，激励对象风险小；引导员工关注公司价值增值	当下绑定效果不如限制性股票强
限制性股票	须当期出资，员工绑定效果强；以低于市场公允价出资，激励性效果明显；如员工出资来源部分系目标奖金，在实现员工收益的情况下，可降低公司现金流压力	员工风险比期权大，直接出资仅适合部分核心员工
虚拟股权	无须变更登记，不影响公司治理结构，如无须出资，员工风险小	捆绑效果较差，引导员工关注中短期利益，公司现金流压力大

案例延展：

奇虎 360 是适用限制性股票激励的典型案例，它于 2011 年向纽交所递交的上市文件中披露，雇员购股计划于 2006 年制订，主要面向公司（含子公司）员工、董事及顾问，当时奇虎 360 对于全公司大概 1000 多名员工实施的股权激励模式就是限制性股票。其中董事购股价格为每股 5.2 美元，员工购买价格为每股 2.8 美元。该限制性股票在限售期满以前不得转让、抵押，可分4次成熟兑现：每隔12个月允许员工出售所持股份的25%，4年后可全部套现，具体由公司首席执行官提前进行评估并敲定价格。

案例启示：

这就是限制性股票的特点，授予的时候就需要员工出资购买，但是价格对照授予当下的公允市场价有比较大的优惠，买进之后会有分段的成熟期，限制性股票的权利受到限制，比如不能转让、抵押等，只有成熟期满，过了限售期才可以自由流通，所以如果这段时间股价有非常大的波动，出资购买限制性股票的员工有亏损的风险。

第13～14问：股权激励一次性实施完毕比较好还是分期？如果要分期，如何分期？

答：股权激励计划是企业针对人才招募、人才培养、人才筛选的综合性管理制度，目的是让核心管理层与企业的股东形成利益共同体，消除双方之间的信息不对称，进一步降低委托代理成本。基于以上的核心目的，股权激励并不是一次性的管理制度，而是需要长期适用的管理制度。通常来讲，股权激励计划是一项分期、分步、分段的长期激励计划，可以分为授予、成熟、行权/解锁、退出等阶段。授予时，主要是公司与激励对象签署相关股权激励授予的法律文件，商定好激励股权的模式、数量、价格以及成熟的时间、成熟的要件以及退出机制等主要条款，达成双向选择；成熟期主要是通过划定时间段来设定激励对象可以行权或者解锁的股权数量，并且在成熟期内通常会伴有业绩考核目标，即成熟条件，激励对象只有达到相关业绩考核目标，满足成熟条件才可以走到下一步；而行权/解锁主要是被授予的股权成熟期满且激励对象满足了成熟条件可以行权或解锁的时候，激励对象主动提出，一般这个时间段是个窗口期；最后退出机制可能是公司上市退出，也可能是提前约定的情形出现触发退出，当然在整个股权激励计划的有效期内都可能面临激励对象主动退出的问题。

案例延展：

2019 年 10 月，一家在进行 Pre－IPO 的软件企业打算对公司核心团队实施股权激励，选择了期权激励的模式。当时公司制订的股权激励计划设定了一个层级，该层级及以上人员均可纳入激励对象范围。股票期权的出资入股时间为各财年结束后的奖金发放时点，预计为次年的 3 月，激励股权定价为授予时上一轮公司融资估值的 50%，购股资金来源为 2019、2020、2021 年度奖金。具体的时间轴如下：2019 年 10 月授予首批激励人员一定数量股票期权，2019 年 10 月～2020 年 10 月为一个考核周期，达到考核业绩目标，激励对象即可在 2021 年 3 月 1 日～3 月 30 日（行权窗口期）内出资行权，以此类推，3 年期满。公司还设定了 3 年的上市目标，上市之后已经出资行权的股票按照上市交易规则解除限售后即可自由流通。

案例启示：

根据股权激励的目的，一般来说企业/实际控制人不会一次性授予激励对象全部股权激励份额，需要分期考核、分期兑现。上面案例中的股权激励方案设计就是分年逐步进行期权激励，这样的方案设计可以推动公司优秀员工不断挑战每年的新目标，有效助力企业提升业绩，并留住核心人才，值得大家借鉴。

提 升 篇

人生有两大悲剧：
年轻时不懂爱情，
创业时不懂股权。
——天使投资人徐小平

第 15 问：关于虚拟股权的一项重要权能——分红权是否一定要按照出资比例？

答：分红权是股权的一项重要权益，那么如果一家公司有盈利，是不是一定会分红？是不是就会按照出资比例来分红？答案显然是否定的。为什么呢？因为公司分不分红是股东会商量决定的，如果股东会决议通过今年公司盈利不分红，用于明年扩大生产的决议，那么小股东即使再不愿意，也只能服从，更加不能请求法院要求强制分红，公司内部的事情法院是不管的。这里秉持的原则就是司法的边界，不轻易介入商业意思自治。那么如果公司决定分红，是不是就一定需要按照出资比例来分红呢？答案同样是否定的，《公司法》第 210 条规定，公司分配当年税后利润时，应当提取利润的百分之十列入公司法定公积金。公司法定公积金累计额为公司注册资本的百分之五十以上的，可以不再提取。公司的法定公积金不足以弥补以前年度亏损的，在依照前款规定提取法定公积金之前，应当先用当年利润弥补亏损。公司从税后利润中提取法定公积金后，经股东会决议，还可以从税后利润中提取任意公积金。公司弥补亏损和提取公积金后所余税后利润，有限责任公司按照股东实缴的出资比例分配利润，全体股东约定不按照出资比例分配利润的除外；股份有限公司按照股东所持有的股份比例分配利润，公司章程另有规定的除外。公司持有的本公司股份不得分配利润。根据上述法律规定，有限责任公司全体股东约定不按照出资比例分取红利，股份有限公司在公司章程中规定不按持股比例分配都是符合法律规定的，公司的利润不是必然按照出资比例或股份比例去分配的。

案例延展：

王总和李总、张总三人一起创业，开设了“王李张”（化名）新材料科技有限公司。公司注册资本 200 万元，王总出资 120 万元，担任公司 CEO，持股比例 60%；李总出资 40 万元，担任市场总监，持股比例 20%；张总出资 40 万元，担任公司技术总监，持股比例 20%。三人各司其职，公司经营数年，业绩开始逐渐稳定，慢慢也有了一些营业利润。这个时候股东之间发生了分歧，大股东王总认为暂时不分利润，把利润做到一定数额再扩张购买土地厂房，等做大做强再说。但是小股东李总和张总还是希望可以先分一部分利润，留存一部分用于扩张。股东之间有分歧，是大股东说了算，还是二比一，人数多的说了算呢？公司最后分红了吗？

案例启示：

根据前述问答，大家应该很清楚了，有限责任公司有盈利并不是必然应分配的，最终分不分要看公司股东会决议。而股东会关于公司分配利润的决议不属于特殊重大事项，不需要 2/3 以上股东表决权通过，只要过半数表决权通过决议即可。所以虽然李总和张总想要先分一部分利润，但是大股东王总不同意，这个分红的决议是股东会按照出资比例来决定的，不是按照人数决定的，所以，大股东不同意，分红的股东会决议是无法通过的，最终该公司当年没有分红。

第 16 问：特殊的分红约定如何保障？

答：既然公司的利润分配并不必然按照出资比例或股份比例，对于特殊的分红约定，如果是有限责任公司则应经过全体股东一致同意，或者股份有限公司经过公司章程约定是具备法律效力的，那么特殊分红的约定当然需要股东协议或者公司章程这些具有法律意义的文件去保障。具体应当注意：

（1）基于不同场景和需求，公司章程对分红条款应该作出不同约定；比如有限责任公司可以设计给予核心员工股东超额分红权。打个比方，员工持有出资比例10%，约定达到一定的超额业绩可以享受20%的分红权，将出资比例与分红权比例做切割，只要所有股东都同意是没有问题的。（2）站在小股东或基于投资分红的财务投资人角度，可以将利润分配的频率和时间间隔在公司章程中明确列明；同时，公司章程应约定现金分红的最低比例，事先说好、做好约定，落到纸面上。比如，约定当年公司盈利且无重大情况，应当采取现金方式分配股利。公司每年以现金形式分配的利润不少于当年实现的可供分配利润的10%。另外公司章程对重大投资计划或重大现金支出事项作出规定，比如公司未来12个月内拟对外投资、收购资产或购买设备等（募集资金项目除外），累计支出达到或超过公司最近一期经审计总资产的10%的投资计划或单笔超过5亿元人民币现金支出事项。这样的特殊约定既有法律效力，又能根据公司具体情形执行落地，符合公司的现实需求，可以促进公司可持续发展。

案例延展：

东方红公司是一家连锁餐饮集团公司，人才竞争日益激烈的当下，老板决心对手下核心的10余位高管实施虚拟股权激励，主要就是老板作为股东让渡分红权给激励对象，公司的股权激励方案（节选）如下：

在激励周期内，乙方（激励对象）根据甲方公司确定的公司业绩和个人考核结果每年获得分红收益。甲方在每年年底告知乙方第二年的净利润基准目标，根据如下公式计算出乙方每年的分红收益：

激励对象分红收益 = 每股分红 × 获授股数

每股分红 = 分红池总额 ÷ 总股本

分红池总额 = （实际完成利润值 - 利润基准目标） ×a%

假设东方红公司第二年的实际完成利润值为1000万元，利润基准目标是800万元，系数a%为80%，总股本1000万股，分红池股本200万股，激励对象李总获授40万股，那么第二年他的分红收益：

分红池总额是200×80% =160万元

每股分红 =160万元÷1000万 =0. 16元

李总的分红收益 =0. 16元/股×40万股 =6. 4万元

案例启示：

这个案例实际就是一个特殊分红的典型案例。案例中的10余位激励对象并不是公司的出资股东，也不在公司登记机关登记，本来按照公司法和公司章程是没有分红权的。但是，公司股东一致同意实施股权激励方案，在一定条件下让渡一部分分红权给核心员工，这是符合意思自治原则，也不违反法律的规定，是合法有效的。而且这个方案的分红池总额并不是当年实际完成的利润值，而是减去了一个利润基准目标，实际上给激励对象的是增量部分的分红权，这样的设计更加符合股东的利益。不过也要注意方式方法，如果设定的目标过高，有可能让激励对象觉得老板是给他们画大饼，所以具体的“度”的把握很重要，要根据每个公司的具体情况来设计。

第17问：对于股东分红以及相关税务法律是如何规定的?

答：分红的前提条件：

1. 有可供分配的利润

《公司法》第210条规定：“公司分配当年税后利润时，应当提取利润的10%列入公司法定公积金。……公司的法定公积金不足以弥补以前年度亏损的，在依照前款规定提取法定公积金之前，应当先用当年利润弥补亏损。……公司弥补亏损和提取公积金后所余税后利润，有限责任公司按照股东实缴的出资比例分配利润，全体股东约定不按照出资比例分配利润的除外；股份有限公司按照股东所持有的股份比例分配利润。”《公司法》第211条规定，公司违反该法规定向股东分配利润的，股东应当将违反规定分配的利润退还公司，给公司造成损失的，股东及负有责任的董事、监事、高级管理人员应当承担赔偿责任。

因此，公司弥补亏损和提取公积金后所余税后利润才是可以分配的利润。这里要说明一下，根据《公司法》的规定，法定公积金累计额为公司注册资本的50%以上的，可以不再提取。

2. 利润分配方案经股东会通过

《公司法》第59条规定，审议批准公司的利润分配方案和弥补亏损方案是股东会行使的职权。

当然，公司股东可以通过公司的审计报告或股东会决议中对分配方案作出的决议来了解公司的利润分配情况。

3. 如何进行分红？

如何进行分红？有约定的按约定。如果**全体股东**在公司章程中约定了各股东的利润分配方式和分红比例，按约定来分配。无约定的，按**实缴的出资比例**分配。《公司法》第210条规定，公司弥补亏损和提取公积金后所余税后利润，有限责任公司按照股东实缴的出资比例分配利润，全体股东约定不按照出资比例分配利润的除外；股份有限公司按照股东所持有的股份比例分配利润，公司章程另有规定的除外。

关于税务问题，要从直接持股还是间接持股，以及通过什么样的组织形式来间接持股说明。表2为大家解答，直接持股/有限合伙企业/有限公司持股平台的税务问题的区别。

表 2　不同持股类型的税务问题

持股类型	自然人直接持股	自然人通过有限公司持股	自然人通过有限合伙企业持股
分红（上市前）	按“利息、股息、红利所得”应税项目，以 20% 税率计算缴纳个人所得税	1.（1）居民企业直接投资分配的股息红利，免征企业所得税；（2）在境内没有机构、场所的非居民企业按 10% 税率缴纳企业所得税。2. 若居民企业最终个人股东想取得这部分收益，需再按 20% 税率缴纳个人所得税	按“经营所得”应税项目 **5%** ~ **35%** 税率计算缴纳个人所得税，部分地区适用 **20%** 税率（需与税务机关沟通）
分红（上市后）	（1）非限售股 ①持股期限 1 个月内，20%； ②持股期限 1 个月 ~ 1 年，10%； ③持股期限 1 年以上，0%。 （2）限售股： ①解禁前，10%； ②解禁后，按照前述非限售股规则执行		

案例延展与启示：

假设某目标公司股权结构如图 2 所示。

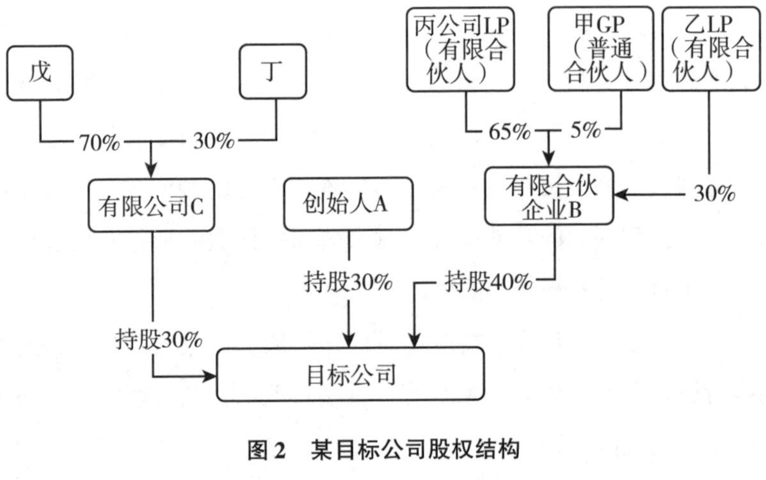

图 2　某目标公司股权结构

1. 单从分红的角度来看

如果从分红角度来看，个人直接持股目标公司和间接持股（不论是通过有限合伙的方式持股目标公司还是通过有限公司的方式持股目标公司）区别都不大。创始人A、甲、乙、丁、戊，个人所得税率为20%。

(1) 直接持股目标公司

股息、红利所得：20%。

个人从公开发行和转让市场取得的上市公司股票（非限售股），持股期限超过1年的，股息红利所得暂免征收个人所得税。

个人持非限售股期限在1个月以上至1年（含1年）的，暂减按50%计入应纳税所得额，即税率为10%；

个人持非限售股期限在1个月以内（含1个月）的，其股息红利所得全额计入应纳税所得额，即税率均为20%；

如果是限售股，则解禁前，税率为10%；解禁后，按照前述非限售股规则执行。

(2) 通过有限合伙企业持股目标公司

股息、红利所得：根据规定，合伙企业对外投资分回的利息或者股息、红利，按“经营所得”应税项目5%~35%的税率计算个人所得税，部分地区适用20%税率（需与税务机关沟通）。

(3) 通过有限公司持股目标公司

股息、红利所得：符合条件的居民企业之间的股息、红利等权益性投资收益为免税收入，免征企业所得税。

个人股东通过有限公司间接持股后最终取得股息或投资收益，个人就取得股息或投资收益均需依照《个人所得税法》按20%缴纳个人所得税。

2. 从今后股权转让角度看

(1) 直接持股目标公司

创始人A若要转让其持有的目标公司股权，上市前股权、限售股财产转让所得要按税率20%缴纳个人所得税。

对个人在上海证券交易所、深圳证券交易所转让从上市公司公开发行和转让市场取得的上市公司股票所得，免征个人所得税。

（2）通过有限合伙企业持股目标公司

对于这种类型，也就是图 2 中的甲和乙，转让股权所得税率咨询各地税务部门，回复不一致。例如，广州市税务局回复说按照“财产转让所得”交 20% 所得税。宁波市税务局回复说按照不同情况区分，若合伙企业 B 卖掉目标公司股权分给各合伙人，那么按照“经营所得”要交 5% ~35% 的税。如果是乙想卖掉自己间接持有目标公司 12% 的股权，则按照“财产转让所得”交 20% 所得税。总体来说，通过合伙企业持股的，税率在 5% ~35%，部分地区适用 20% 税率。

（3）通过有限公司持股目标公司

丁和戊若转让目标公司股权，那么首先按照有限公司处置其对外投资所得收益，按照转让财产收入以 25% 的税率计缴企业所得税。

个人股东通过有限公司间接持股后最终取得股息或投资收益，在有限公司按上述计缴企业所得税后，个人就取得股息或投资收益均需依照《个人所得税法》按 20% 缴纳个人所得税，因此，持股平台如果有盈利的话，所得税税率为 25%，丁和戊个人还要缴纳税率为 20% 的个人所得税，存在双重征税的情形，综合税率是 40%。

第 18 问：非上市公司实施股权激励，有哪些主要的法律依据？

答：一、一般性规定

《公司法》

第八十四条　有限责任公司的股东之间可以相互转让其全部或者部分股权。

股东向股东以外的人转让股权的，应当将股权转让的数量、价格、支付方式和期限等事项书面通知其他股东，其他股东在同等条件下有优先购买权。股东自接到书面通知之日起三十日内未答复的，视为放弃优先购买权。两个以上股东行使优先购买权的，协商确定各自的购买比例；协商不成的，按照转让时各自的出资比例行使优先购买权。

公司章程对股权转让另有规定的，从其规定。

第一百五十七条　股份有限公司的股东持有的股份可以向其他股东转让，也可以向股东以外的人转让；公司章程对股份转让有限制的，其转让按照公司章程的规定进行。

第一百五十八条　股东转让其股份，应当在依法设立的证券交易场所进行或者按照国务院规定的其他方式进行。

第一百五十九条　股票的转让，由股东以背书方式或者法律、行政法规规定的其他方式进行；转让后由公司将受让人的姓名或者名称及住所记载于股东名册。股东会会议召开前二十日内或者公司决定分配股利的基准日前五日内，不得变更股东名册。法律、行政法规或者国务院证券监督管理机构对上市公司股东名册变更另有规定的，从其规定。

第一百六十二条　公司不得收购本公司股份。但是，有下列情形之一的除外：

（一）减少公司注册资本；

（二）与持有本公司股份的其他公司合并；

（三）将股份用于员工持股计划或者股权激励；

（四）股东因对股东会作出的公司合并、分立决议持异议，要求公司收购其股份；

（五）将股份用于转换公司发行的可转换为股票的公司债券；

（六）上市公司为维护公司价值及股东权益所必需。

公司因前款第一项、第二项规定的情形收购本公司股份的，应当经股东会决议；公司因前款第三项、第五项、第六项规定的情形收购本公司股份的，可以按照公司章程或者股东会的授权，经三分之二以上董事出席的董事会会议决议。

公司依照本条第一款规定收购本公司股份后，属于第一项情形的，应当自收购之日起十日内注销；属于第二项、第四项情形的，应当在六个月内转让或者注销；属于第三项、第五项、第六项情形的，公司合计持有的本公司股份数不得超过本公司已发行股份总数的百分之十，并应当在三年内转让或者注销。

上市公司收购本公司股份的，应当依照《中华人民共和国证券法》的规定履行信息披露义务。上市公司因本条第一款第三项、第五项、第六项规定的情形收购本公司股份的，应当通过公开的集中交易方式进行。

公司不得接受本公司的股份作为质权的标的。

二、国有企业股权激励的有关规定

1.《国有科技型企业股权和分红激励暂行办法》（财资〔2016〕4号）

该规定对于国有科技型企业如何实施股权和分红激励作了细致规定，大型企业的股权激励总额不超过企业总股本的5%；中型企业的股权激励总额不超过企业总股本的10%；小、微型企业的股权激励总额不超过企业总股本的30%，且单个激励对象获得的激励股权不得超过企业总股本的3%。单个获得股权奖励的激励对象，必须以不低于1∶1的比例购买企业股权，且获得的股权奖励按激励实施时的评估价值折算，累计不超过300万元。

2.《关于国有控股混合所有制企业开展员工持股试点的意见》（国资发改革〔2016〕133号）

该意见为确保不因实施股权激励而改变国有控股地位，对国有控股混合所有制企业实施股权激励的员工持股总量和比例有一定的限制，规定“员工持股总量原则上不高于公司总股本的30%，单一员工持股比例原则上不高于公司总股本的1%”。

3.《关于深化混合所有制改革试点若干政策的意见》（发改经体〔2017〕2057号）

该意见坚持依法合规、公开透明、立足增量、不动存量、同股同价、现金入股、以岗定股、动态调整等原则，积极推进混合所有制改革试点企业员工持股。试点企业数量不受《关于国有控股混合所有制企业开展员工持股试点的意见》（国资发改革〔2016〕133 号）规定的数量限制。

4.《中央企业混合所有制改革操作指引》（国资产权〔2019〕653 号）

该指引再次重申“鼓励混合所有制企业综合运用国有控股混合所有制企业员工持股、国有控股上市公司股权激励、国有科技型企业股权和分红激励等中长期激励政策”。

三、有关股权激励个人所得税的法律规定

1. 财政部、国家税务总局《关于个人股票期权所得征收个人所得税问题的通知》（财税〔2005〕35 号）

该通知对企业员工（包括在中国境内有住所和无住所的个人）参与企业股票期权计划而取得的所得征收个人所得税问题作出规定。实施股票期权计划企业授予该企业员工的股票期权所得，应按《个人所得税法》及其实施条例有关规定征收个人所得税，同时，该通知对股票期权所得性质的确认及其具体征税规定也进行了明确。[注：《关于将国家自主创新示范区有关税收试点政策推广到全国范围实施的通知》（财税〔2015〕116 号）中规定个人获得股权奖励时参照《关于个人股票期权所得征收个人所得税问题的通知》（财税〔2005〕35 号）计算，《关于完善股权激励和技术入股有关所得税政策的通知》（财税〔2016〕101 号）中规定不符合递延纳税条件的参照《关于个人股票期权所得征收个人所得税问题的通知》（财税〔2005〕35 号）计算。]

2. 国家税务总局《关于个人股票期权所得缴纳个人所得税有关问题的补充通知》（国税函〔2006〕902 号）

该通知是对《关于个人股票期权所得征收个人所得税问题的通知》（财税〔2005〕35 号）的补充，系对关于员工取得股票期权所得有关个人所得税处理问题的补充通知，明确了何为“股票期权的转让净收入”“员工取得该股票期权支付的每股施权价”等。

3.《关于完善股权激励和技术入股有关所得税政策的通知》（财税〔2016〕101号）

该通知规定符合条件的非上市公司的股权激励享受递延纳税政策，不符合的参照《关于个人股票期权所得征收个人所得税问题的通知》（财税〔2005〕35号）有关规定计算。

4. 国家税务总局《关于股权激励和技术入股所得税征管问题的公告》（国家税务总局公告2016年第62号）

该公告明确了非上市公司股票（权）的公平市场价格确定方法和非上市公司实施符合条件的股权激励，个人选择递延纳税的非上市公司的备案事项。

5.《关于个人所得税法修改后有关优惠政策衔接问题的通知》（财税〔2018〕164号）

该通知规定了居民个人取得股票期权、股票增值权、限制性股票、股权奖励等股权激励，符合相关规定的条件的，在2021年12月31日前，不并入当年综合所得，全额单独适用综合所得税率表，计算纳税。

6.《关于将国家自主创新示范区有关税收试点政策推广到全国范围实施的通知》（财税〔2015〕116号）

该通知规定，自2016年1月1日起，全国范围内的高新技术企业转化科技成果，给予本企业相关技术人员的股权奖励，个人一次缴纳税款有困难的，可根据实际情况自行制订分期缴税计划。

第19问：非上市公司股权激励计划与上市公司股权激励计划主要有哪些区别？

答：同为股权激励，非上市公司和上市公司股权激励因为公司性质的不同有明显不同的特点，主要有以下六点：

第一，股权激励的模式有所区别。对于非上市公司，我国法律并没有强制性规定，通常设计方案比较灵活，非上市公司的股权激励模式以期权、限制性股票、虚拟股权为主，有时候也会涉及实股激励、期股激励等模式，也有一些方案是组合模式，比如虚拟股权 + 期权模式。但是法律对于上市公司股权激励模式的选择是有明确规定的，一般就是股票期权、限制性股票，但如果要带着股权激励方案上市，则必须是期权。2023 年年初，全面注册制落地，根据中国证监会 2023 年 2 月 17 日发布并实施的《首次公开发行股票注册管理办法》第 44 条之规定，"发行人存在申报前制定、上市后实施的期权激励计划的，应当符合中国证监会和交易所的规定，并充分披露有关信息"，因此在全面注册制下，各板块均允许拟上市企业"带期权激励计划申报上市"。另外，根据 2013 年 12 月 30 日发布的《全国中小企业股份转让系统业务规则（试行）》第 2.6 条，"申请挂牌公司在其股票挂牌前实施限制性股票或股票期权等股权激励计划且尚未行权完毕的，应当在公开转让说明书中披露股权激励计划等情况"的规定，对申请新三板挂牌的公司，允许申报时存在未实施完毕的限制性股票或股票期权。

第二，股权激励的对象不同。对于非上市公司，我国法律并没有强制性规定约束，股权激励对象既可以是员工，也可以是高管，甚至还可以对创始人、外部经销商、供应商进行股权激励。但是，我国法律规定上市公司的激励对象包括上市公司的董事、高管、核心技术人员或者核心业务人员，以及公司认为应当激励的对公司经营业绩和未来发展有直接影响的其他员工，但不应当包括独立董事和监事。外籍员工任职上市公司董事、高管、核心技术人员或者核心业务人员的，可以成为激励对象。单独或合计持有上市公司 5% 以上股份的股东或实际控制人及其配偶、父母、子女，不得成为激励对象。下列人员也不得成为激励对象：（1）最近 12 个月内被证券交易所认定为不适当人选；（2）最近 12 个月内被中国证监会及其派出机构认定为不适当人选；（3）最近 12 个月内因重大违法违规行为被中国证监会及其派出机构行政处罚或者采取市场禁入措施；（4）具有《公司法》规定的不得担任公司董事、高管情形的；（5）法律法规规定不得参与上市公司股权激励的；

(6) 中国证监会认定的其他情形。

第三，激励的人数有所区别。我们在给非上市公司的客户设计股权激励方案的时候通常会遵循将利益分出去，控制权保留在创始人手上的原则，所以通常会搭建有限公司或有限合伙企业作为持股平台，让员工间接持股。如果员工人数比较多，我们可能会搭建多个持股平台来保证有限责任公司股东人数符合50人以内，股份有限公司发起人的人数不超过200人的法律规定。申请新三板或IPO的股份有限公司股东人数可能会涉及200人的限制，不过并非完全不得超过200人。根据《全国中小企业股份转让系统业务规则（试行)》第1.10条“股东人数超过二百人的股份有限公司，公开转让申请经中国证监会核准后，可以按照本业务规则的规定向全国股份转让系统公司申请挂牌”，《非上市公众公司监管指引第4号——股东人数超过二百人的未上市股份有限公司申请行政许可有关问题的审核指引》“对于股东人数已经超过二百人的未上市股份有限公司（以下简称二百人公司)，符合本指引规定的，可申请公开发行并在证券交易所上市、在全国中小企业股份转让系统（以下简称全国股转系统）挂牌公开转让等行政许可”，也就是说，股东人数超过200人的股份有限公司符合一定条件的，依旧可以申请新三板或IPO。

如何计算股权激励人数，对于股东人数超200人的拟上市主体，在计算股东人数时原则上要遵守穿透核查的规则，不过根据《〈首次公开发行股票注册管理办法〉第十二条、第十三条、第三十一条、第四十四条、第四十五条和〈公开发行证券的公司信息披露内容与格式准则第57号——招股说明书〉第七条有关规定的适用意见——证券期货法律适用意见第17号》的规定，以公司制企业、合伙制企业、资产管理计划等持股平台实施的员工持股计划，在计算公司股东人数时，员工人数不计算在内，也就是说搭建的员工持股平台按照一名股东计算。实操中，以炬芯科技（688049）为例，其招股说明书明确提到“珠海炬淼、珠海炬昇、珠海炬佳、珠海炬上益、珠海炬上仁、珠海炬铭、珠海炬盛、珠海炬上吉、珠海辰友9家员工持股平台为依法以合伙制企业实施员工持股计划的员工持股平台，应分别按照一名股东计算，发行人穿透计算后的股东人数为 40 人，未超过 200 人”。另外，根据 2021 年上交所、深交所发布的《关于进一步规范股东穿透核查的通知》，在对股东穿透核查时对于持股较少（原则上，直接或间接持有发行人股份数量少于 10 万股或持股比例低于 0.01% 的）、不涉及违法违规“造富”等情形的也可不穿透核查。

第四，股权的定价有所区别。对于上市公司而言，股权激励计划的股票价格有证券市场的股价参照，不同的激励模式定价不同，《上市公司股权激励管理办法》中对于股票期权与限制性股票这两种股权激励的模式均有具体的定价规定，如果低于规定的定价标准，上市公司应说明定价依据及定价方式，且应当聘请独立财务顾问发表意见。对于非上市公司而言，股票价格的确定没有相应的二级股票市场价格作为定价基础，股权激励的定价也没有严格的限制，可以按照注册资本，可以按照审计报告的净资产，也可以按照市场估值予以一定的折扣。一般来说股权激励计划在上市前已实施完毕，但在注册制下，A 股各板块都开放了“带期权上市制度”，那么拟上市的公司一定要考虑激励股权的定价衔接，不能太随意，原则上不应低于最近一年经审计的净资产或评估值。

第五，股权资金来源有所区别。对于非上市公司而言，法律法规对于激励对象的资金来源并没有严格的限制，只要是合法的来源都没有问题，其可以向银行申请贷款，可以向老板筹借，也可以向公司筹借，或者是以年终奖抵扣。按照《公司法》第 163 条的规定，“公司不得为他人取得本公司或者其母公司的股份提供赠与、借款、担保以及其他财务资助，公司实施员工持股计划的除外。为公司利益，经股东会决议，或者董事会按照公司章程或者股东会的授权作出决议，公司可以为他人取得本公司或者其母公司的股份提供财务资助，但财务资助的累计总额不得超过已发行股本总额的百分之十。董事会作出决议应当经全体董事的三分之二以上通过。违反前两款规定，给公司造成损失的，负有责任的董事、监事、高级管理人员应当承担赔偿责任”，如果公司有财务资助被激励对象，还要注意具体的额度。但是对于上市公司而言，法律明确规定激励对象只可以自筹资金，不可以向上市公司或上市公司的实际控制人筹借，这点的区别还是很大。

第六，股权激励的定量有所区别。法律对于非上市公司激励股权的数量没有严格的规定，一般是预留 15% ~20% 的股权激励池由创始人代持，但也有很多企业，股权激励的总数量会大于或小于这个数。同样，在非上市公司，法律对于激励对象个体的股权数量也没有明确限制。而根据《上市公司股权激励管理办法》的规定，上市公司全部在有效期内的股权激励计划所涉及的标的股票总数累计不得超过公司股本总额的 10% 。非经股东大会特别决议批准，任何一名激励对象通过全部在有效期内的股权激励计划获授的本公司股票，累计不得超过公司股本总额的 1% 。需要注意的是，根据《上海证券交易所科创板股票上市规则》第 10. 8 条和《深圳证券交易所创业板股票上市规则》第 8. 4. 5 条，“上市公司可以同时实施多项股权激励计划。上市公司全部在有效期内的股权激励计划所涉及的标的股票总数，累计不得超过公司股本总额的 20% ”，也就是说，在科创板和创业板上市的激励总量放宽至 20% 。

总之，上市公司股权激励和非上市公司股权激励区别诸多，其中上市公司的股权激励相对而言更加严格、复杂和规范，有更多法律和制度上的约束和保障。非上市公司的股权激励则相对多样和灵活，但正因为灵活也可能存在各种各样的问题。无论在公司发展的哪个阶段实施股权激励计划，企业家都需要重视。

案例延展：

王总是一家医药科技有限公司的董事长，该公司从事高端医疗器械设备的研发、生产和销售。随着公司规模的不断扩大，公司核心骨干的人数持续增加，王老板萌生了股权激励的想法，希望能够带领团队冲刺上市。不过，因为该公司早几年已经引进了风险投资机构，团队的股权激励计划是上市前全部完成，还是带着期权激励上市，还是上市以后再制订股权激励计划，王总有点拿不定主意。如果你是王总咨询的股权律师，该如何回答呢？

案例启示：

一般来讲，非上市公司实施的股权激励计划，在上市递交申报材料前会全部完成或提前终止。但是随着创业板、科创板允许带期权上市的政策放开，目前主板也允许申报上市的时候带期权激励方案，这里的区别就是非上市公司的股权激励计划比较灵活，受到的法律、法规约束较少，带期权上市以及未来上市以后的股权激励计划则合规性要求很高，灵活性相对受到限制。所以企业要看实际情况，选择合适的实施股权激励的时间。

第20问：股权激励方案与公司章程出现矛盾时怎么办？

答：《公司法》第5条明确规定了设立公司应当依法制定公司章程。公司章程对公司、股东、董事、监事、高管具有约束力。所以公司或创始人在制订股权激励方案时，有必要在专业律师的协助下，仔细审查股权激励计划是否符合公司章程规定。如存在冲突或矛盾的地方，应尽量对股权激励方案或者公司章程相关条款进行修改，以使得两者相适应。举个例子，我们曾给一家国有投资的企业实施尽职调查，当时公司的章程约定，“公司预留3%的股权作为对高管的股权激励，股权来源于法人股东某某公司……”那么股权激励方案必须先在预留的3%股权范围内制定，如需扩大股权激励总量，要召开股东会先修改公司章程。

若客户自己制订了股权激励方案，并且律师经过审查发现与公司现有章程的部分条款出现矛盾，那么建议通过以下方法来处理：（1）基于股权激励方案不宜朝令夕改，且已经经过股东会决议通过，那么可以修改公司章程，使得股权激励方案与章程两者一致统一。（2）如章程无法修改（如股东会表决未通过等原因），在判断应以何者效力优先时，如股权激励计划虽与公司章程内容存在矛盾，但不违反法律、法规的强制性规定，且不涉及外部第三人利益，则在内部可以股权激励方案优先；如股权激励方案的内容不仅与公司章程矛盾，且违反法律、法规的强制性规定，或可能影响外部第三人利益，则应以章程规定优先，并应相应修改股权激励方案的内容。

案例延展：

C工程公司是一家国有参股的企业，有5位法人股东投资，公司章程约定“公司预留3%的股权作为对高管的股权激励，股权来源于某某法人股东”。但实际上，该公司制定股权激励方案的激励总额是该公司5%的股权，这样就与公司章程有了矛盾。C工程公司咨询Y律师团队，希望其给出合规性操作建议。Y律师团队经过尽职调查和与相关利益人交谈，发现该股权激励方案已通过了股东会决议，并经全体股东一致同意。于是Y律师团队建议该公司经营管理团队请示董事会提议召集临时股东会表决修改公司章程，主要修改的就是上述条款，建议修改为“公司预留3%的股权作为对高管的股权激励，股权来源于某某法人股东，另公司全体股东同意由高管团队定向增资入股，持有公司2%的股权”。

案例启示：

这个案例实际上就是典型的公司在制定股权激励方案时没有重视与公司章程的衔接，没有去核实公司章程的相关条款，造成了股权激励方案与公司章程矛盾。因为在这个案例中*股权激励方案是全体股东通过的，那么就建议修改公司章程，使得公司章程与股权激励方案相统一；如果股权激励方案还没有经过股东会决议通过，只是董事会制定，那么董事会可以提请股东会将这个问题作为议案，提议召开临时股东会会议，由全体股东讨论决定如何使股权激励方案与公司章程协调统一。*

第21～22问：股权激励有无时机要求？非上市公司什么时候实施股权激励计划比较好？

答：企业与人一样，它内部的发展是有生命周期的。企业早期大多是生存期，然后慢慢成长起来会进入发展期，有些企业可能没有找到第二曲线，会遇到转型期，然后逐渐衰退，甚至消亡。有些企业过了发展期，迅速扩张，会进入爆发期，还可能进一步上市进入资本市场，逐渐进入成熟期。我们认为：股权激励应当注重时机。创业早期，公司的重点应该放在商业模式的打磨、主营业务的经营与拓展上，这个时候实施股权激励没有什么信服力。公司价值没有显现就匆匆开始激励人才，往往事倍功半。股权激励，真正激励人才的不是股权本身，而是以股权为载体的企业未来，如果激励者与被激励者看不到或看不清未来，失败的概率自然要大于成功。另外，企业的转型期也不是实施股权激励的好时机，尤其是因为没有找到第二曲线而被迫转型的，比如冲刺上市未果或者业绩下滑或者市场形势剧烈变化的时候都不适宜实施股权激励。**过了生存阶段，到了发展期，就是凝聚人才拼速度的时刻，是实施股权激励的良好时机**。企业既要外部发展，内部的激励与约束也要跟上；当公司过了生存期，发展到一定阶段，此时公司的价值依旧不是很高，未来发展如何还是存在大量的不确定性，在这个时候直接让核心员工出资入股，大家可能不愿意接受，但实施股权激励就不同了。一方面，对于公司的成长性，核心员工有目共睹，他们迫切希望与公司共同成长，分享未来高速成长的红利；另一方面，这个时候将激励股权锁定较低的价格，核心员工通过自己的努力可以将公司的价值推向更高，追求公司利益的同时，自身利益也可以放大。此时在实现双赢的心理预期上创始人与激励对象达成了共识，股权激励才有了它的意义。**当然，有些公司创始人比较保守，会选择在成熟期再实施股权激励，这样的时机也是得当的**。这个时候员工和企业的风险都会小很多，不过股权激励效果就会打折，因为激励股价增值的空间比较有限，授予的激励股权价格已经比较透明，不太可能过低，风险和收益往往是成正比的。

案例延展：

我们曾遇到一家客户咨询股权激励失败的原因。这家客户是浙江温州的服装生产型企业，从事中老年服装的生产、销售业务，原本业务发展十分迅猛，在杭州的几家老牌的商场都有专柜，但是网络电商的兴起对它的打击十分严重，企业的销售量急转直下。这个时候企业的发展重点应该是如何解决增长问题，提升业绩，从传统商贸领域走向“互联网+”，同时内部团队的管理上应该是稳定人才，招揽新人，但是客户却在此时要求员工出资入股，对所有子公司实施股权激励，这种情形下实施股权激励失败的概率就非常大了。

案例启示：

这个案例实际上就是典型的股权激励的时机没有选对。内部核心员工对于企业发展的内外部状况是最清楚的，只有大家都看好企业的长期未来，愿意共同成长，实施股权激励才是共赢。如果企业发展已经出现问题，这个时候不从商业模式、市场战略等方面去革新，反而要求员工出资入股，效果一定是不够理想的。所以，企业内部的不同发展时期、外部行业发展的变化、资本市场的变化都会影响到股权激励的效果，股权激励的时机选择很重要。

第23~24问：股权激励的股权性质如何确定？来源如何确定？

答：选择不同的股权激励模式，激励股权的性质也会有所不同。主要分为实股和虚股两部分。虚股一般指的是虚拟股票，即公司授予激励对象一种“虚拟”的股票，公司可以无偿赠与，也可以有偿授予。激励对象获得虚拟股票后，可以享受一定数量的分红权和公司股票增值收益，但无法参与公司股东会表决，对外也无股东身份，是在公司内部自己设立的一个虚拟的“股票市场”，激励对象在离开公司时虚拟股票通常自动失效。和虚股激励相对应的是以期权和限制性股权为代表的实股激励，对于实股激励，当经过足够的时间、达到了预设的条件（往往是业绩目标），激励对象就可以获得股权完整的权利：分红权、新股优先认购权、股份转让权以及剩余财产分配权等关乎自身的权利，即自益权；还有表决权、召开临时股东会请求权、公司文件的查阅权、重大经营决策权以及选择管理者权等关乎自身也关乎集体的权利，即共益权。

关于股权来源，首先是虚拟股权的来源，在虚拟股权激励模式下，用于激励的股权是“虚拟股权”。虚拟股权并非公司法所规定的真实意义上的股权，而是一种以法律合同形式设定的权利。虚拟股权的产生依据是“合同”，它是公司或公司所有股东与激励对象以合同约定的，激励对象可据此享有一定的权利，比较常见的有分红权（利润分配权）和股权（票）增值权。所以说，虚拟股权源于合同。而实股的股权来源主要有股权赠与和转让、公司股权回购、增资扩股（定增）这三种。

第一，股权赠与和转让。公司实施股权激励，可以由原有股东将其享有的公司股权赠与或转让给被激励对象。股权赠与和转让中，赠与是无偿的，转让是有偿的，但在股权权属转移这一问题上没有本质区别。股权赠与和转让，都是从原有股东的股权中分出一部分给被激励对象，所以会降低原有股东的持股数量和比例，公司的股权结构也会发生改变。赠与方和转让方的股东的持股数量和比例都降低了，“股权越分越少”，从这一点来说是做“减法”。股权转让有两种操作方式：一是由大股东（或部分股东）转让，二是由所有股东同比例转让。

第二，股权（份）回购。公司回购本公司的股权（份）用于股权激励和员工持股计划，这也是股权激励的来源之一。这一做法基本是在股份有限公司实行。现行法律法规明确规定了股份有限公司可以以回购股份方式解决激励股份的来源问题，但有限责任公司能否回购股权用于激励，则并没有明确规定。股份有限公司的股份回购是根据《公司法》第6章“股份有限公司的股份发行和转让”第162条规定“公司不得收购本公司股份。但是，有下列情形之一的除外：……（三）将股份用于员工持股计划或者股权激励……属于第（三）项……情形的，公司合计持有的本公司股份数不得超过本公司已发行股份总额的百分之十，并应当在三年内转让或者注销”进行的。根据该法律规定，所有的股份有限公司均可以回购本公司的股份用于员工持股计划和股权激励，包括上市公司、新三板挂牌公司和其他股份有限公司。

第三，定向增资扩股。公司可以采用增资扩股方式实施股权激励，即公司向激励对象定向增加注册资本（增发股份），由激励对象认缴。以定增方式实施的股权激励，公司原有股东的股权将被同比例稀释，而公司增加了注册资本，可以从激励对象处取得出资款，相对于股权赠与和转让方式来说，定增方式能让公司股权越分越多（做“加法”）。

其次，股权转让的方式，不管是无偿还是有偿，都是在原有股权范围内，股权数量是有封顶的，而增资的方式，理论上没有数量上限。另外，股权转让的方式是出让方获得价款，而增资的方式价款打到公司，这会让员工更有安全感。

案例延展（一）：

2008年，抚顺特钢（600399）上市公司发布股权激励计划，明确公司在业绩指标达标的前提下，委托管理人在公司股权激励额度和激励对象自筹资金额度内，从二级市场购买公司A股股票授予激励对象。

2008年，浙富股份（002266）上市公司发布股权激励计划，该计划采取限制性股票激励模式，即公司提取股权激励基金从二级市场回购本公司股票无偿授予激励对象并附锁定期，锁定期满后根据考核结果分批解锁的股权激励模式。

案例启示（一）：

囿于非上市公司的股权激励计划没有信息披露义务，所以我们找到的案例都是上市公司披露的股权激励计划。从上述两个股权激励计划的案例均可以看出，无论是员工持股计划还是限制性股权的股权激励模式，激励股权的来源都可以是股份回购，当然除了股份回购以外，定向增资、大股东转让也是激励股权的来源方法。

案例延展（二）：2023 年 5 月北京市第一中级人民法院涉股权激励劳动争议典型案例

H 公司股东包括陈某、续某甲、续某乙以及 I 中心。2011 年 6 月，陈某萍入职 H 公司担任行政总监。2013 年 12 月，双方订立劳动合同补充协议，约定 H 公司从 2014 年 1 月 1 日至 2017 年 12 月 31 日，每年向陈某萍提供不低于 50 万元的股份或现金奖励。股份奖励或现金奖励由陈某萍选择。2018 年 6 月，陈某萍离职。后陈某萍向人民法院起诉请求 H 公司立即向其支付 14.64% 股权，签发出资证明书、记载于股东名册并办理股权登记；请求陈某、续某甲配合办理上述股权支付相关事宜。

H 公司、陈某以及续某甲均主张，劳动合同补充协议约定的只是 50 万元现金而不是股权，协议签订时并无任何股东表示愿意向陈某萍给付股权。陈某萍主张协议约定的股权是由 H 公司向其给付，具体来源没有约定，H 公司可以通过增资、由其他股东代为履行或者公司向陈某、续某甲回购股权再给付的形式履行协议。

法院经审理认为，H 公司与陈某萍并未约定给付陈某萍的股权的来源，就此约定不明确。H 公司不持有本公司股权，***公司章程中亦无员工持股计划或股权激励的相关规定。***故劳动合同补充协议关于提供股份的约定不具备履行条件，陈某萍在本案中坚持要求 H 公司给付股权，缺乏依据，法院不予支持。

案例启示（二）：

本案中，员工与公司签订劳动合同补充协议，约定公司提供股份或现金奖励，但是公司并不持有本公司股权，所以最后法院认为该约定不具有履行条件，员工败诉。实际上，这种情况常常出现在非上市公司中，为了吸引、招募优秀人才，公司出具承诺授予股权/期权作为引进人才的条件，但实际在相关法律文件中却只是公司盖章，约定了公司作为授予股权/期权的主体，后续并没有具体的落地文件，到底是老股东股权转让还是激励对象作为新股东增资进入公司都没有约定清楚。因为公司并不拥有自身股权，这样的模糊约定没有履行条件，一旦出现争议，被激励对象维权困难重重，所以在签订股权激励协议书或其他相关法律文件时，需要约定明确的股权来源。

第25问：如何确定股权激励的对象？

答：根据我们提供股权激励法律服务案例的经验，在尽职调查时公司老板心中已经有了一个大概的激励对象名单，我们要做的就是给出是否合理、恰当的意见。当然也有一些比较早期的公司对股权激励对象没有概念，这就需要我们来协助确定被激励对象范围。

我们认为股权激励的对象应该是企业的核心人才，具备稀缺性和价值性的特征，因为股权是一家公司的稀缺资源，所以能够获得激励股权的对象也应当是企业的稀缺人才。一般来说，对于非上市公司，我们不建议大范围进行股权激励，毕竟不患寡而患不均，制度不对，万一培养一批吃大锅饭的“人才”反而会对企业造成伤害。我们建议，非上市公司股权激励的对象聚焦定位在公司核心岗位的高层人员比较合适。因为股权激励可以分级分批地推进，企业发展到一定阶段，可以将在岗位上起到关键核心作用的人员陆续纳入激励范围中，从而绑定更多的人员，给更多人共享收益的机会，所以我们认为第一次实施股权激励，选择激励对象一定要慎重，宁可范围限定得小一些。

另外，关于定岗还是定人的问题也是一个常见的争论，我们认为真正的股权激励计划应该综合来看，岗位和人都很重要，关键是看二者的匹配度。因为这个“人”能够符合岗位需要的特质，具备胜任岗位的能力，才会具备不可替代的价值，所以岗位和人缺一不可。企业在选择股权激励对象的时候可以考虑以下因素：（1）核心岗位，短时期无法替代。股权激励选择的对象应当位于核心岗位毋庸置疑，但什么岗位是核心岗位，不同的商业模式是不一样的，比如医药公司的研发岗位就很核心，是企业的关键生产力，这个岗位的核心工作人员应当成为激励对象。（2）历史贡献因素。对于企业有历史贡献，公司一定要在股权激励的时候考虑忠心耿耿的老员工。这些老员工为公司早期的发展作出了巨大贡献，公司发展到现在正是以他们的贡献为基础，因此在确定股权激励对象时，这部分人员一定要首先考虑。（3）未来发展因素。一家企业要做大做强，光靠现有团队在能力、智慧、资源等是不够的，因此在企业不断发展的同时，要引进与之相匹配的优秀人才。

案例延展：

有一家研发生产型企业，大概一年的人力成本是850万元。薪资在当地处于中上水平，中层管理者薪酬偏低，销售经理连续更换4任，技术人员离职率高达20%，人事及财务岗位较稳定，技术研发和采购岗位的现有员工能力远远达不到要求。目前该公司开发了电化学分析仪器的新产品，市场占有率还很低，急需打开市场，并计划于明年引入外部投资方。同时，明年引入资方后该公司还需建一生产基地，进一步扩大生产。

目前的员工综合薪酬：岗位工资＋绩效奖金（生产部门）＋销售提成（销售部门）＋年终奖＋福利（保险、培训等）。

大家可以对照表3看看，哪些岗位上的激励对象需要股权激励，激励力度如何？

表 3　激励力度表

具体激励对象	历史业绩	司龄年限	岗位层级	备注	收入水平	是否需要激励	激励力度
财务总监	为本企业节省大量成本	8 年	高		中		
销售总监		1 年	高		高		
库管员	进出库管理	5 年	初		中		
研发张	2 个专利，3 个新型号配件	4 年	中	负责新产品研究	低		
研发王	1 个专利	2 年	中	负责老产品研究	中		
生产调度	非常熟悉业务	5 年	中	专业能力强，为公司副经理人选	低		

我们的建议：例如，财务总监，司龄年限长，岗位层级高，历史业绩也很好，收入水平中等，再加之该公司明年需要融资，财务总监的作用也会凸显，需要对其进行股权激励，激励力度相对要大一些。又如生产调度，这个岗位看上去不是很重要，实则在生产型企业是非常关键的枢纽岗位，这个岗位的工作人员又非常匹配这个岗位，非常熟悉业务，已经在该公司工作了 5 年，如果这个工作人员离职短时间内很难找到合适的人选，而且这位工作人员专业能力强，为该公司的副总人选，我们认为也应当纳入股权激励对象，并且激励力度要大。以上仅列举，希望借此案例让大家更熟悉了解如何选择股权激励的对象。

案例启示：

通过这个案例，相信大家对于如何选择激励对象会有更直观的感受和体会。*股权激励的目的是激发未来持续发展动力，所以历史业绩要不要看，当然要看，这关乎定岗选人，未来的贡献和价值更要去衡量，这才是股权激励*

的真正意义所在。如何选择激励对象的核心要点是看这个关键岗位上的核心人才是不是真的不可或缺，是否对于企业未来的发展至关重要。

第26问：如何管理股权激励对象的预期？

答：我们认为股权激励对象的预期管理是整个股权激励方案实施环节中非常重要的一个环节，包括整个股权激励方案的实施流程预期管理；股权激励方案的退出预期管理；股权稀释的预期管理还有股权价值的预期管理。下面分别来阐述：（1）**流程预期管理**。股权激励方案的实施流程主要分为授予、成熟、行权/解锁、退出。这个流程我们通常会在股权激励方案中明确，也需要向激励对象进行解释。“授予”就是激励对象认可公司的股权激励方案后，公司安排激励对象签订法律文件，约定股权激励的模式、激励价格、行权/解锁条件、责任与权利、退出机制等；“成熟”就是根据协议约定的授予数量和价格激励对象分批有权行权或解锁；行权就是激励对象给公司发通知决定行权，并按协议约定支付行权价款购买公司的股票；解锁就是激励对象获得的限制性股票过了成熟期自动分批次解锁，进而拥有完整的股票。在完成授予、成熟和行权/解锁后，如果公司已经挂牌上市，激励对象可以在限售期满后，在交易市场进行股票买卖；如果公司被并购，其也可以获得股权变现收益；如果中途激励对象离职，可以按照一定的规则由公司安排进行回购；通常在上市前公司一般会限制激励对象对外出售股票。（2）**退出预期管理**。一般来说，股权激励方案与激励对象的在岗息息相关，所以必然会有一个退出机制的预案。比如某一个激励对象获授股票期权分4年成熟，中途离职，公司可以安排大股东回购；离职后不能从事竞业限制工作等。关于退出机制，一定要和激励对象解释清楚背后的原因：股权激励主要激励核心员工长期参与，而不是短期投机行为；激励对象拿到的期权价格是折扣价格，不是股票的真实价格；如果有人离职，公司不安排回购股票的话，对长期参与的其他人员既不公平也不合理等。这些预期管理对于股权激励方案的实施都非常重要。另外，还要考虑员工的主动退出的预期管理。在股权激励方案中明确，比如拟上市公司冲刺上市，未来假设 3 年是限制主动退出的，那么，事先就要在确定股权激励方案时获得员工的同意。（3）**股权稀释预期管理**。激励对象经常会关心其拿到的股票是否会被稀释。公司需要和激励对象沟通明白三个数字：①股票数量：原则上不会发生变化。②股权比例：如果公司后续融资或者进行其他增发行为，会造成股权稀释。公司需要和激励对象沟通的是，稀释的并不是某一个人的股权，而是所有人的股权一起稀释。③股票市值：激励对象真正需要关注的是自己的股票越来越值钱，还是越来越不值钱。（4）**股权价值预期管理**。我们认为这部分预期也是非常重要的。有些公司会过度放大员工预期，夸大公司股票的未来价值，这是非常不明智的，若未来公司上市，股票价格透明，该价格明显比给予激励对象的预期低，就可能会出现员工离职潮，适得其反。我们建议公司与激励对象沟通清楚，以上 4 点关于员工的预期管理有助于大家在股权激励过程中减少沟通成本，避免未来可能的纠纷。

案例延展

2018 年 12 月 6 日，蘑菇街经历 8 年“长跑”之后终于在纽交所挂牌上市，股票代码为“MOGU”。然而，在美股动荡时刻选择上市的蘑菇街并未迎来高光时刻。上市当天，蘑菇街开盘报 12.25 美元，较发行价 14.00 美元下跌 12.5%，盘中一度大跌逾 15%，收于 14.00 美元，与发行价持平。

有蘑菇街老员工匿名发表心酸长文，控诉蘑菇街毫无顾忌稀释股本，当初的承诺成了一纸空谈。根据该员工的说法，早期蘑菇街期权数量不少，尽管员工拿着折扣工资，但是能用低价持有公司一定数量的股票，和公司一起感受升值还是非常有干劲的。然而蘑菇街上市后员工却被告知，26 亿总股本如今期权要除以 25，导致股权被稀释。这里要解释一下，在美股上市，1 万股期权并非 1 万股股票，不是把期权数乘以当前股票的价格就是自己的财富了，因为蘑菇街发放给员工的都是普通股期权，在美国上市的期权价值核算都要换成美股 ADS。蘑菇街招股书显示，1ADS 股等于 25 普通股。

假设蘑菇街现在是 12.75 美元一股，那么如果激励对象在蘑菇街上市前获得 5 万股期权，在上市后的价值计算公式是 50,000（期权）/25（基数）×12.75（股票价格）×6.9（汇率）=175,950 元。

公司创业 8 年终于在美国上市，3 年以上的老员工的股票却只值 17 万元，另外，除去大约 35% 税费，剩下 11.5 万元左右，还要分 4 年行权。层层盘剥之后，真正能完全到员工手中的期权价值极少。

正因为没有做好员工的股权激励预期管理，蘑菇街的员工对自己手中期权的价值丝毫没有预期，才会导致上市后员工对公司极度不满，蘑菇街内部有许多人提出离职，技术部的高管在当天就直接在朋友圈宣布离职。

案例启示：

蘑菇街的结果让人唏嘘，国内的普通股与美股 ADS 之间存在非常大的换算差距，并且存在波动性与不确定性，每个 VIE 架构的互联网公司都会遇到这个问题。在已经上市的企业中，优酷：18 普通股 =1ADS 股；土豆：4 普通股 =1ADS 股；世纪佳缘：1.5 普通股 =1ADS 股。对于这个巨大的价值差，蘑菇街国内主体公司并没有告知员工，也就错失了对激励对象的预期管理，导致激励对象对于自己手里的普通股期权价值出现了错判。最后当蘑菇街上市时，国内普通股股票可以兑换为美股 ADS 流通的时候，却出现了如此大的股票价值落差，这才导致员工纷纷离职，这就是蘑菇街失败的最主要原因之一。

第 27 问：股权激励总量考虑的主要因素有哪些？

答：我们认为股权激励的总量主要考量以下三个因素：（1）**激励力度**。

一般来讲，股权激励的总量设定越多，每个激励对象相应获得的份额也就越多，激励的效果相对就越显著，所以总量的设定和激励力度息息相关。（2）**激励范围**。股权激励对象的范围与激励总量也是成正比关系，激励的人员范围越大，需要的股权激励总额也越多，反之则越少。确定总量时还要考虑激励人员的职级和层级，如果是针对高管，即使激励的人员范围较小，也需要拿出较多的总量，才能真正达到激励效果。（3）**激励成本**。股权激励的成本可以从薪酬激励和会计核算等多个角度考虑。从薪酬激励的角度看，企业释放的股权越多，总的薪酬激励成本越高；从会计核算的角度看，股权激励的总量越多，企业需要摊销的成本越多，如果价格给予优惠，可能会影响到财务报表—股份支付科目，会对企业的利润造成影响。

以上是股权激励总量考量的主要因素，另外还有五个考量因素：（1）**企业的发展阶段**，如果在早期，总量要设定得大一些，如果在成熟期，股权价值高，则总量可以设定得少一些。（2）**企业的商业模式**，如果是资金驱动型企业，则股权激励的总量可以少一些，如果是人才驱动型企业，则股权激励的总量可以相对设定得大一些。（3）**企业的人才规划**，人力资源的规划、布局，哪些岗位的核心员工需要股权激励，都会一定程度影响股权激励的总量。（4）**公司的整体薪酬安排**，如果公司整体薪酬水平偏高，那么公司授予的激励股权总量可以不用太高；相反，如果公司的薪酬和福利待遇相对较低，那么公司可以酌情增加授予的股权数量。（5）**公司的控制权及创始人、合伙人的考虑**，股权激励会影响公司的股权结构，老股东、实际控制人的想法都会影响股权激励的总量。

另外，特别要提醒大家注意的是，激励股权数量或份额不能一次性全部授予激励对象，一定要分期兑现，这样才能实现激励未来持续发展动力，留住人才的目的。

案例延展：方老板的故事

四方公司的老板方总，为了企业发展引进了一名高级人才小毛总担任公司的首席执行官。小毛总的学历、专业、职场经历都十分光鲜，方总甚是满意，于是委以重任，不仅聘请小毛总担任首席执行官，还一次性赠送了15%的公司股权，人到公司报到即进行工商股权变更。这番操作下来，小毛总自然是十分感激，也决心好好干，但是优秀的人才不一定是合适每个企业的，小毛总勤勤恳恳干了一年，与四方公司下面的老员工完全不能融合，方总畅想的企业高速发展在第二年没有实现。此时，小毛总写了一封言辞恳切的辞职信给方总，然后就离职了。

为实施股权激励吸引人才，方总将相应股份全部一次性送出去了，没有分批实施，事先也没有约定配套的退出机制，而且工商都变更了，在小毛总离职后，没有合适的理由将其手中的股份收回。不仅如此，隔了一段时间，方老板还打听到小毛总自己创业了，还干了一个与四方公司相似的业务模块。后来有一个财务投资机构打算投资四方公司，结果尽调发现四方公司里面有15%的自然人股东没有在四方公司任职，调查发现这些人是该公司的离职员工，这绝对是股权架构环节当中的“红灯”。投资人一看这样的股权结构便打消了股权投资的念头。

案例启示：

这个案例给我们的启示是股权激励核心人才一定要有规划和方案，**尤其是股权激励的份额要考虑清楚，因为股权激励是针对未来的，所以这个份额不能一次性兑现，必须随着时间年限和业绩考核目标分步兑现**。另外激励方案还要配套退出机制，如果激励股权没有兑现完毕即离职，没有成熟的股权要及时收回，已经成熟的股权要按照一定的条件和规则回购，这样才能形成一个逻辑闭环，实现股权激励引进人才、留住人才、与人才共同发展的目的。

第28问：如何考虑股权激励的个量设定？

答：股权激励个量，即股权激励对象个人获授对应权益的份额。确定股权激励的个量，是设计股权激励方案的重要一环。不同的企业实际情况不一，个量的设计规则也是不同的。**我们认为以下几个因素会影响股权激励个量的设定：**

（1）**公司的发展阶段**。如果企业发展处于早期，那么股权激励个量就需要多一些，因为这个时候企业的股权价值不高，想要留住核心人才，需要恰当增加股权激励个量。当然股权激励不是一时的考量，需要有长期思维，还需综合考虑未来3～5年公司发展战略情况给予不同激励对象不同份额，综合平衡企业内的持股比例及股权的布局。（2）**公司的经营情况**。企业经营情况的好坏以及发展的快慢也会影响股权的价值，对于股价高，未来预期较好的公司，即使股权激励个量占股本总额比例不大，也会带来丰厚收益，反之，对于发展相对缓慢的企业，即使股权激励个量比重较大，但实际收益也可能不大。（3）**同行业状况**。若公司业绩对某类员工，如研发人员依赖程度较高，这类激励对象掌握着公司核心资源，影响公司的核心竞争力，那么提供的股权激励需要有市场竞争力，可参考同行业竞争对手对员工激励的额度。（4）**员工收入水平**。因为股权激励的收益包含在员工的全部薪酬里，所以员工的收入水平是股权激励个量考虑的重要因素。如果核心员工的年薪已经达到或超过市场同等岗位的平均水平，那么激励的数量可以相对少一些，反之则应该多一些。

关于股权激励个量的设定规则我们认为主要有以下三种：

<u>第一种是岗位系数法。</u>这个方法是通过建立职级固定系数与业绩系数两个评级进行权益分配（职级和业绩两个评级可以自由设定为其他维度，比如司龄系数、考核系数、学历系数等），对不同评级维度赋予不同的权重，可根据人均获授量作为基准线，在此基础上结合重要性水平对不同评级系数进行赋值，最后计算出某一职级的员工获授量后，再酌情在该值上做适当的增减变动。

<u>第二种是直接确定。</u>在企业发展早期，管理相对粗放，激励对象人数不多，由老板和人事总监参照激励对象的入职司龄、对公司业绩的历史贡献度、

岗位重要性等要素直接决定每个激励对象的具体获授额度。这种方法比较简单、高效、粗放，只适合企业早期，激励对象人数不多的时候，受老板的主观想法影响较大。

第三种方法是预期收益法。一般而言，激励对象所领取的薪酬能够体现其个人现阶段在公司的综合贡献度，与其岗位和工作成果相匹配，授予薪酬高的激励对象的份额原则上应该比薪酬低的激励对象的份额要多，所以预期收益法一般是激励对象年均薪酬、奖金等与激励的预期收益挂钩。具体的计算方法为：激励对象授予股份数（个量）=预期总收益/预期每股收益=个人年薪×倍数/预期每股收益。这种方法，相对来说上市公司运用较多。

案例延展：

基于岗位设置股权激励系数的方法来设定股权激励的个量。

X公司按照岗位和职级设置**固定系数**：总经理系数为1，副总经理为0.9，部门经理为0.8，该系数通常结合现有薪酬结构确定。

业绩系数考核法：基于岗位重要性、工龄、学历、绩效等的系数计算，该公司设定如下。

工龄系数：如工龄>5，则系数=1，如工龄<5，则系数=0.5，工龄权重为20%。

学历系数：如是硕士，则系数=1，如硕士以下，则系数=0.5，学历权重为20%。

考核系数：如上年度绩效考核优秀，则系数=1，如合格，则系数=0.5，如不合格，则系数=0，考核权重为60%。

案例：财务总监工龄是10年，工龄大于5年，所以根据公司股权激励系数的规则工龄系数是1，该部分权重是20%，所以该部分系数是0.2；财务总监学历是本科，按照规定学历系数是0.5，该部分权重是20%，所以该部分系数是0.1；财务总监考核是合格，依照规定考核系数是0.5，该部分权重是60%，所以该部分系数是0.3，三部分加总综合系数是0.6。因为财务总监属于部门经理，固定系数是 0.8，两项相乘为 0.48，他的员工系数就是 0.48。最终财务总监获授的股权激励个量 = 人均获授量 × 员工系数。假设公司的股权激励总量为 5000 万股，人均获授量为 500 万股，那么财务总监应当被授予的股权激励个量就是：500 万股 ×0.48 =240 万股。

案例启示：

通过这个案例，相信大家对于股权激励的个量设计规则会有更直观的感受和体会，这个案例主要就是运用了岗位系数法。在制订公司的股权激励计划时必须配套公平、公正、可量化的定量规则，其中如何确定不同激励对象的个量一定要有适合企业的个性化设计规则，不能照搬照抄其他同行业企业的方法。上述案例只列举了一种方法，一般来讲，管理精细化的企业需要设计精细化的定量规则，而管理粗放型的企业可以设计相对简单的规则。

第 29 ~ 30 问：实行股权激励，到底应该看员工在过去对企业的贡献，还是要根据对员工将来创造的贡献预判进行激励？如果是看未来，如何预判？

答：关于第 29 问。诚然，股权激励不同于股权奖励。股权奖励基于过去，主要看的是员工在过去对企业的贡献和付出；而股权激励则不同，它的本质在于未来，主要是激发核心员工的创造力，与公司共同成长，在未来作出更大的贡献，所以应当根据这些岗位的员工将来创造的价值预判进行激励。不过，股权激励不能只靠评估与预判，过去的贡献是评估的基础，过去的贡献是筛选激励对象的重要依据。

关于第 30 问。如何预判未来，对未来价值的预判肯定不是老板“拍脑袋”决定，主要还是包含在股权激励的规则中。比如授予激励对象一定数量的期权，那么每一个成熟期的考核规则就应与**员工的岗位价值对企业的贡献**

挂钩，先要在当下约定好，等到未来实现考核目标才可以行权，即只有完成考核内容到一定程度才能行权，获得实股；反之，如果没有达标则无法行权，该部分期权就清零。

举例来说，一位技术总监王总被公司授予一定数量的期权，约定分3年成熟，成熟期满达标王总才可以行权。第一年成熟期需要完成公司一项产品1.0版本开发，全职在岗并期满达标，王总有权行权出资购买授予数量的1/3股权；第二年成熟期需要完成公司新一项产品1.0版本的开发完成，原产品2.0版本的迭代升级，全职在岗并期满达标，王总有权行权出资购买授予数量的另外1/3股权；第三年成熟期需要完成公司至少两项产品2.0版本的迭代升级与完善，全职在岗并期满达标，王总有权行权出资购买授予数量的剩余1/3公司股权。

案例延展：

刘老板是湖南当地某知名火锅企业的老板，想通过实施股权激励来调动员工的积极性，增加企业业绩与利润。他直接采用了让员工出资入股的实股激励方案，然后也没有设定严格的规则，和几个店长商量了一下公司股价，就发布了方案。该方案规定入职三年的公司员工均有权利购股，具体数量只要不超过上限均可。然后，一些家庭条件不错的员工购股数量就比较多，一些家庭条件较差的员工想买也没有多余的资金购买。结果到了年底分红的时候，那些有能力对公司发展贡献很大的员工因为购股数量不多，拿到的公司利润分红很有限，反而那些没有能力，但是家庭条件好，出资买了大数额股份的员工拿到了公司很多的分红。许多有能力的员工心理极度不平衡，纷纷离职。

案例启示：

这个案例就是很典型的股权激励方案没有考虑未来，把员工和外部财务投资人搞混了。外部财务投资人一般是溢价出资，所以主要义务仅仅是出资，而员工股权激励则不同，主要是依附于员工身上的对企业的人力贡献，出资反而是其次。然而，本案例中的刘老板只是设定了一个股权激励的价格以及释放的股权的总量，却没有考虑员工的专业能力、岗位、职级，更没有理解股权激励的本质。股权激励的本质是用公司未来的收益来激励企业员工当下的努力，员工的岗位价值对于企业的贡献与其是否被纳入股权激励范围以及被给予的股权激励数量息息相关，是企业家、公司创始人主要考虑的核心指标，所以股权激励的关键是看未来。

进阶篇

……重生的力量来自真我
战胜可敌的对手　Yeah
坚持信念是我的所有
抵达心中的辽阔　Yeah
有失去的　该进阶的
有遗憾的　该进阶的
放不下的　该进阶的……

——《进阶》林俊杰

第 31 问：如何确定股权激励的绩效考核指标？

答：在股权激励方案中，激励对象最终能否行权/解锁股权的核心就是是否全职在岗与绩效考核指标，两者缺一不可。通常来说，全职在岗比较容易看出，我们主要来分析一下股权激励的绩效考核指标。我们建议针对公司中层以上的核心员工应当设置两个绩效考核的指标，分别是公司的业绩指标和激励对象个人的绩效考核指标。

关于公司的业绩指标，上市公司通常设定为财务数据，比如公司净利润增长率、营业收入增长率、每股净利润增长率等。非上市公司的业绩指标除了显性的财务数据之外，还可以设置比如网络用户数、专利数等商业数据。只要是与公司的可持续盈利能力、资本运作能力、资产运营能力等挂钩的可衡量指标都可以设置为公司的业绩指标。

关于个人的绩效考核指标，相应的难度就大一些，需要系统的方法来设置。这里介绍两种方法，一种是目标管理法，另一种是综合考核法。

目标管理法比较适合人数不多、管理相对扁平化的公司，具体来说，就是公司与激励对象确定一个可衡量、可分解的个人绩效目标，然后分解成具体的任务，在一定周期内完成即达标。比如公司与技术总监约定产品的设计、迭代、上市分为三个周期，第一个周期设计完成即绩效达标，第二个周期迭代优化完成即绩效达标，第三个周期产品成功上市，即绩效达标。

综合考核法是一种全方位、多角度对核心员工工作情况进行评价的绩效考核方法，实际上就是参照适用了人事绩效考核的 360 度环评法。综合考核法在股权激励方案中的适用主要是通过扩大评价主体，比如核心员工自评，同级别同事、上级、下级甚至是客户等不同主体来了解和评价其工作绩效。

一般来讲，公司业绩指标和个人绩效指标的比重相比，职级越高，公司业绩的考核会占比较重。

案例延展（一）：金发科技

2022年6月5日晚间，金发科技（600143，SH）发布2022年限制性股票激励计划（草案），拟向激励对象授予限制性股票总计1亿股，授予价格为每股5.50元，计划授予的激励对象共计1350人，覆盖了公司近14%的员工，人均授予6.33万股。所有激励对象均在金发科技（含控股子公司）、分公司任职，已与公司（含控股子公司）签署劳动合同、领取薪酬。

在全球复杂不确定的经济环境下，金发科技2021年业绩增幅出现明显的乏力，2022年要实现高速增长的目标并非易事。在这样的情况下，金发科技推出股权激励计划，同时设置了非常严格的股票解禁条件，即将公司业绩与员工利益高度绑定。

根据金发科技公告，该公司本次拟向激励对象授予限制性股票总计1亿股，约占本激励计划草案公告时公司股本总额25.74亿股的3.89%，其中首次授予8545.65万股，预留授予1454.35万股。金发科技对授予的股票设置了严格的解禁条件，激励对象必须同时满足公司层面和个人层面的业绩考核要求，才能解锁。

公司层面：本激励计划授予的限制性股票的解除限售考核年度为2022年、2023年、2024年三个会计年度，每个会计年度考核一次。各年度业绩考核目标为，2022年净利润较2021年增长不低于10%或者2022年营业收入较2021年增长不低于11%；2023年净利润较2021年增长不低于20%或者2023年营业收入较2021年增长不低于22%；2024年净利润较2021年增长不低于30%或者2024年营业收入较2021年增长不低于33%。

激励对象个人层面：金发科技每年制定或修正每个岗位的绩效考核指标，并根据每个绩效考核指标的重要性确定其权重及目标值。公司每年对绩效考核指标完成情况进行考核，考核等级分为A、B、C、D、E五个档次，评价结果为C级（合格）及以上，可解除限售比例为100%，D级（需改进）为70%，E级（不合格）不可解除限售。

案例启示（一）：

金发科技的案例就是典型的公司对激励对象设定了双重考核目标，既有公司层面的目标，又有个人岗位层面的考核。若公司无法完成股权激励方案设定的预期业绩目标，所有激励对象所持本次限制性股票都无法解除限售；倘若公司达到业绩目标，但是激励对象未达到岗位考核目标，那么其个人所持本次限制性股票也无法解除限售，比如考核是E级就不可解除限售。这样的设计使公司员工不仅关注自身考核目标，还更加关心公司层面的业绩目标，在公司内部形成“关注未来、利益共享、风险共担”的长期利益共同体机制。另外，激励对象获得的限制性股票在解除限售后就拥有完整的所有权，可以在二级市场流通，激励力度是很大的，非常有吸引力。所以激励对象对于解锁条件会格外努力地关注，集中精力在公司的长期盈利能力目标上，努力完成业绩考核指标，从而进一步提升公司股票在二级市场的价值，形成良性循环。

案例延展（二）：赛力斯公司

赛力斯集团股份有限公司于2022年12月5日召开董事会会议、监事会会议，审议通过了关于2021年股票期权激励计划预留授予的股票期权第一个行权期行权条件成就的议案。该股权激励方案披露了期权行权价格、数量、激励对象、行权条件等核心要素。我们主要摘录了行权条件中的绩效考核要求。

根据激励计划的相关规定，该公司2021年股票期权激励计划预留授予的股票期权第一个行权期行权条件已经满足，具体见表4。

表4　行权条件及成就情况

行权条件	成就情况
1. 公司未发生如下任一情形： （1）最近一个会计年度财务会计报告被注册会计师出具否定意见或者无法表示意见的审计报告； （2）最近一个会计年度财务报告内部控制被注册会计师出具	公司未发生前述情形，满足行权条件

续表

<table>
<tr><th>行权条件</th><th>成就情况</th></tr>
<tr><td>否定意见或者无法表示意见的审计报告；
(3) 上市后最近 36 个月内出现过未按法律法规、公司章程、公开承诺进行利润分配的情形；
(4) 法律法规规定不得实行股权激励的；
(5) 中国证监会认定的其他情形</td><td></td></tr>
<tr><td>2. 激励对象未发生如下任一情形：
(1) 最近 12 个月内被证券交易所认定为不适当人选；
(2) 最近 12 个月内被中国证监会及其派出机构认定为不适当人选；
(3) 最近 12 个月内因重大违法违规行为被中国证监会及其派出机构行政处罚或者采取市场禁入措施；
(4) 具有《公司法》规定的不得担任公司董事、高级管理人员情形的；
(5) 法律法规规定不得参与上市公司股权激励的；
(6) 中国证监会认定的其他情形</td><td>激励对象未发生前述情形，满足行权条件</td></tr>
<tr><td>3. 公司层面业绩考核要求
<table>
<tr><td rowspan="2">行权期</td><td rowspan="2">对应考核年度</td><td colspan="2">新能源汽车销量 A（万台）</td><td colspan="2">公司营业收入 B（亿元）</td></tr>
<tr><td>目标销量（Am）</td><td>触发销量（An）</td><td>目标值（Bm）</td><td>触发值（Bn）</td></tr>
<tr><td>第一个行权期</td><td>2021 年</td><td>4.00</td><td>3.20</td><td>180</td><td>144</td></tr>
<tr><td colspan="2">考核指标</td><td colspan="2">完成度</td><td colspan="2">行权系数</td></tr>
<tr><td colspan="2" rowspan="3">新能源汽车销量 A /万台</td><td colspan="2">$A \geqslant Am$</td><td colspan="2">$X = 1$</td></tr>
<tr><td colspan="2">$An \leqslant A < Am$</td><td colspan="2">$X = A/Am$</td></tr>
<tr><td colspan="2">$A < An$</td><td colspan="2">$X = 0$</td></tr>
<tr><td colspan="2" rowspan="3">公司营业收入 B /亿元</td><td colspan="2">$B \geqslant Bm$</td><td colspan="2">$Y = 1$</td></tr>
<tr><td colspan="2">$Bn \leqslant B < Bm$</td><td colspan="2">$Y = B/Bm$</td></tr>
<tr><td colspan="2">$B < Bn$</td><td colspan="2">$Y = 0$</td></tr>
<tr><td colspan="2">公司层面行权系数</td><td colspan="4">X 或 Y 的孰高值</td></tr>
</table></td><td>公司业绩成就情况：公司 2021 年新能源汽车销量为 4.144 万台，达到目标销量，满足行权条件，公司层面行权系数为 1</td></tr>
</table>

续表

<table>
<tr><th>行权条件</th><th>成就情况</th></tr>
<tr><td>4. 组织层面绩效考核要求
激励对象所属组织层面的每个考核年度设置业绩达标率（P），业绩达标率按公司绩效管理办法执行，激励对象当年实际可行权的股票期权比例与其所属组织上一年度的业绩达标率达成情况挂钩，具体如下：
<table>
<tr><th>组织层面上一年度业绩达标率（P）</th><th>组织层面行权系数</th></tr>
<tr><td>P≥100%</td><td>100%</td></tr>
<tr><td>85%≤P<100%</td><td>P</td></tr>
<tr><td>P<85%</td><td>0%</td></tr>
</table>
</td><td>2021 年度，469 名激励对象组织层面业绩达标率 P≥100%，组织层面行权系数为 100%；0 名激励对象组织层面业绩达标率 P<85%，组织层面行权系数为 0；其余 364 名激励对象组织层面业绩达标率 85%≤P<100%，组织层面行权系数为其组织层面业绩达标率</td></tr>
<tr><td>5. 个人层面绩效考核要求：
激励对象个人层面的考核按照公司现行薪酬与考核的相关规定组织实施，根据以下考核评级表中对应的个人层面行权比例确定激励对象的实际可行权的股份数量：
<table>
<tr><th>个人上年度绩效系数（K）</th><th>个人层面行权系数</th></tr>
<tr><td>K≥100%</td><td>100%</td></tr>
<tr><td>85%≤K<100%</td><td>K</td></tr>
<tr><td>K<85%</td><td>0%</td></tr>
</table>
激励对象个人当年实际行权额度 = 个人当年计划行权额度 × 公司层面行权系数 × 组织层面行权系数 × 个人层面行权系数</td><td>2021 年度，806 名激励对象个人绩效系数 K≥100%，个人层面行权系数为 100%；7 名激励对象个人绩效系数 K<85%，个人层面行权系数为 0；其余 20 名激励对象个人绩效系数 85%≤K<100%，个人层面行权系数为其绩效系数 K</td></tr>
</table>

案例启示（二）：

我们认为该股权激励方案可圈可点，关于激励对象的行权条件不仅按照法律规定对于负面清单做了规定，还详细地列举了行权条件中的公司业绩条件、组织层面绩效考核要求、个人层面绩效考核要求。公司业绩层面主要与汽车销售量捆绑，并没有涉及公司营业收入或者净利润的要求。组织层面绩效考核对激励对象所属组织层面的每个考核年度设置业绩达标率（P）作出要求。业绩达标率按公司绩效管理办法执行，激励对象当年实际可行权的股票期权比例与其所属组织上一年度的业绩达标率达成情况挂钩，这就形成了长期、稳定的考核机制。激励对象个人层面的考核按照公司现行薪酬与考核的相关规定组织实施，与公司的人事薪酬制度衔接比较科学，值得非上市公司借鉴。

第32~33问：什么是股权激励的尽职调查？尽职调查的目的又是什么？

答：一般外部律师在提供股权激励法律服务的时候都会先进行股权激励的尽职调查。尽职调查的原意是“审慎调查”，是外部律师团队通过专业的方法对与股权激励相关需要了解的事项进行恰当的调查和评估，为股权激励方案的制定提供有效的参考依据。股权激励中的尽职调查与股权融资中的尽职调查最大的区别是，一个是内部自查，另一个是外部调查。股权融资，通常是财务投资人委托外部律师对拟被投资企业进行尽职调查，了解被投资企业的财务情况、商业情况和股权情况等。而股权激励中的尽职调查主要是了解与股权激励相关的内部情况，相对简单一些。通常是律师发送尽职调查清单，清单包含公司的基本资料、变更资料、与财务有关的文件、公司内部决策议事机制和规则、公司人员情况及其他与股权激励相关的材料。

在股权激励服务过程中，尽职调查的目的如下：第一，了解公司的基本情况，主要是公司的经营情况、股权结构、公司治理情况、财务情况、员工情况（包括劳动关系、薪酬体系）等，这些都与股权激励计划息息相关。举个例子，如果公司经营情况并不好，也没有特别的事项发生（比如新产品、新业务开拓），这说明股权激励的时机可能存在问题。第二，协助完善公司的各项内部制度。很多创业公司内部的规章制度并不完善，虽然公司发展非常迅猛，经营形势很好，但创始人团队并没有重视内控制度。因为股权激励属于全面薪酬体系的一部分，也是内部人事薪酬管理体系的一部分，所以如果薪酬制度并不完善，股权激励就等于“空中楼阁”。若在尽职调查的时候发现这个问题应暂停股权激励方案的设计，先完善人事薪酬体系与规章制度。第三，协助确定股权激励目的、模式、数量、价格等股权激励的要素。举个例子，律师在尽职调查清单中要求公司提供组织架构图，主要就是希望了解公司的组织架构、职能分工，从而定位激励对象所在岗位，根据岗位重要性在后续方案中设置建议激励股数。

案例延展：

TT 医疗科技公司是一家成立五年左右的公司，最近三年业务发展迅速，员工人数也急剧增加。几个创始人希望与核心员工一起分享未来公司发展的胜利果实，于是委托律师团队提供股权激励法律服务，希望对核心员工进行股权激励。

双方签署完保密协议之后，律师团队首先做的第一项工作就是尽职调查，包括书面的尽职调查和访谈两部分内容。书面的尽职调查清单如表 5 所示。

表 5　书面尽职调查清单

序号	公司的基本资料	公司变更资料（如有）	公司业务与财务文件	公司内部决策议事机制和规则	人员情况	其他与股权激励有关的文件
1	略	历次注册资本变更相关的批文、股权转让协议、增减资金协议等文件	公司的发展战略和业务规划（如有）	组织架构图、岗位设置情况	—	公司员工持股或股权激励的任何既有书面约定、决议（如有）

续表

序号	公司的基本资料	公司变更资料（如有）	公司业务与财务文件	公司内部决策议事机制和规则	人员情况	其他与股权激励有关的文件
2	注册资本投入相关的文件（如有）	历次注册资本变更的验资报告	公司的主营业务及经营情况说明	股东会、董事会、监事会、经理层议事规则（如有）	拟激励对象名单、职务、职级、司龄	—
3	出资协议（如有）	历次股东变更的相关文件、协议书等	最近两个年度的审计报告	股东会、董事会关于薪酬与激励有关决议（如有）	拟激励对象劳动合同、聘用合同及其他用工合同的签署情况（包括劳动期限、岗位、薪资等信息），提供合同范本和一份签署的协议样本；若未使用范本或有特殊条款规定的，请提供该文件	股东或公司关于股权激励的任何设想、书面建议等（如有）
4	原始出资的验资报告（如有）	历次股东变更后的公司章程	最近一期的资产负债表、损益表、现金流量表	—	劳动用工制度沿革及现状（如有）	股东或公司认为本次股权激励应重点关注的问题和可能的障碍

续表

序号	公司的基本资料	公司变更资料（如有）	公司业务与财务文件	公司内部决策议事机制和规则	人员情况	其他与股权激励有关的文件
5	现行有效的营业执照	公司登记其他变更（如经营范围、地址、法定代表人变更）事项的资料	公司资产的账面净值或评估报告（如有）	—	拟激励对象参加社保情况，并请提供参保证明文件	股东或公司对本次股权激励的基本要求及针对性要求，如操作模式、实施期间、股权归属方式、激励基金的提取条件、计划的终止条件等
6	现行有效的章程	—	—	—	拟激励对象保密协议、竞业限制协议（如有），并提供文本	公司经营管理团队（比如董事会、经理层）对本次实行股权激励的看法和设想（如有）
7	公司有关资质文件（如有）	—	—	—	拟激励对象各类职业许可或职称证明	其他公司认为重要的文件
8	公司基本情况介绍	—	—	—	拟激励对象的现有激励制度和绩效考核标准	—
9	实际股权结构（有无代持）	—	—	—	拟激励对象的薪酬政策与薪酬水平	—

续表

序号	公司的基本资料	公司变更资料(如有)	公司业务与财务文件	公司内部决策议事机制和规则	人员情况	其他与股权激励有关的文件
10	现任股东基本情况(投资型股东—经营型股东，职级、职位、专长)	—	—	—	—	—

口头访谈主要是选择创始人、投资人以及个别核心员工，从多个维度了解他们对公司实施股权激励的意见与认知。访谈创始人的目的主要是了解他/他们作为公司实际控制人对本次股权激励的基本要求、关注的重点问题、可能的障碍以及针对性政策，比如对激励模式、激励对象、激励数量、激励价格的考量等，并给予参考意见。

律师在书面材料的尽职调查中发现该公司的人事制度并不完善，很多制度是为了应付本次股权激励的尽职调查临时制定，并且根本没有实施。该公司的薪酬体系也非常简单，大多数岗位就是“基本工资 + 奖金”的组成，而奖金的发放随意性较大，没有系统的全公司层面的考核制度，基本依靠上级主管的主观判断。在这样的情况下，制定股权激励方案必然会影响方案的实施效果，于是律师先停下股权激励的服务工作，协同该公司先把人事制度的制定、完善与执行落实。

案例启示：

通过这个案例，我们可以更进一步了解股权激励计划是一个系统性的工程，并不是一蹴而就的，正确的时机、创始人的共享精神、激励对象与公司同频共振、公司制度的配套等，缺一不可。这个案例中的 TT 医疗科技公司发展势头很好，并且创始人团队很有分享精神，激励对象也很希望加入股权激励计划，但是该公司的内部配套管理制度没有跟上，需要先搭建、完善内部管理制度并逐渐落实，此时匆匆颁布、实施股权激励方案效果反而欠佳。

第 34 问：激励对象是否需要花钱购买激励股权？

答：大多数情形下，我们建议企业推行股权激励计划，激励对象应当花钱买股。因为，第一，公司股权是稀缺资源，它不仅代表企业对员工的认可，也代表企业本身的价值，一个公司的股权份额就只有 100%，分出一点少一点，只有当员工真正认可手中的股权价值，股权激励才有意义。第二，公司要求员工出资购股也是筛选愿意与公司长期成长“奋斗者”的需要。只有用脚投票才是硬道理，嘴上说得很好听，愿意与公司共成长，但是一旦要掏钱，立马就退缩，这些员工是不是人才？可能是。这些员工是不是长期与公司同频共振的“奋斗者”？肯定不是。第三，付出才会更加珍惜，白给的东西，放弃它的成本自然很低，这就违背了企业和员工进行长期绑定的激励目的。很多老板说，“给了股权，结果员工还是离职了，临走还说因为没有花钱，觉得这个股权是无效的”，实际上这里面的核心问题就在于激励股权的定价。

因此，不管企业股权定价多少，员工掏钱的动作很重要，只有自己付出了，有一定的沉没成本，员工才会更加珍惜对待。

案例延展：

Q 网络科技公司是一家互联网代运营公司，老板有资深的互联网从业经验，该公司主要的业务就是帮助大型传统企业代运营网络上的旗舰店。2018 年的时候，该公司业务如日中天，对于人才的渴求自然也是越来越急迫，为了留住核心人才，同时也为了吸引人才，决定实施股权激励计划。这次股权激励计划名为“事业合伙人暨命运共同体激励计划”，实质就是期权激励，具体内容就是该公司授予一定数量的期权，每半年考核一次，为期两年的四次考核通过后所有的期权才能全部成熟。激励对象每半年考核通过，可以行权 1/4，两年全部行权完毕。另外，老板还加大了这次股权激励的力度，规定这次股权激励计划的员工行权统统不用出资，他认为这样员工会更加感激和拼命工作。确实，员工们一开始都很高兴，纷纷决定签署事业合伙人协议，干劲也比以前大了。可是，过了半年一部分员工行权了，老板迟迟未安排对外进行变更登记，另外所谓的事业合伙人身份好像也没有什么保障，对于该公司的财务情况、经营情况，以前知道一些的，现在依旧只知道一些，以前不知道的，现在依旧不知道，关键员工行权是为了分红，现在连整体公司经营情况都不知道，何来分红之说，所以到了年底就有核心员工陆陆续续离职。一位副总离职的时候对老板说，“老板，你都不让我们出钱，这个股权没有什么约束力……”老板气得一屁股坐在沙发上，一声叹息，觉得这些员工都没良心，公司的股权激励计划也没有继续推行了，宣告失败。

案例启示：

这个案例就是典型的股权激励计划设计出了问题，当然不仅是没有让员工出资购股的问题，还有员工行权后身份的变更问题，员工成为股东后的知情权问题等。不过让员工没有价值感、身份感和安全感肯定是股权激励计划的大忌，这个案例中，公司没有让员工出资，公司的股权价值无从体现，员工不会去考虑长远的股权升值，更多考虑的是中短期的分红，这个引导本身就出了问题。另外，员工考核成功后，公司又没有对外落实变更登记，对内也没有保障各项知情权，导致员工没有股东的身份感和安全感，那么老板期待的员工长期和公司捆绑，从股东的视角看问题等设想也不可能如愿了，毕竟所有的关系都是双向的。

第35问：如果激励对象要出资，激励对象的资金来源有限制吗？（针对非上市公司）

答：对于非上市公司而言，激励对象的资金来源只要合法，并没有特殊的限制，主要有以下几种来源：

1. 自筹资金

激励对象按照公司股权激励计划出资购股，主要来源是自筹资金，当然如果激励对象支付能力有限，无法一次性支付全部款项，一般也可采取分期付款方式。

2. 工资或奖金扣除

第二种方式是从激励对象的工资或者奖金中扣除，作为激励对象购买股权激励的资金，但公司在采用这种方式实施股权激励计划时，需要取得激励对象的同意。我们建议如果需要从员工的工资或奖金中抵扣，尽量不要涉及员工的月工资报酬，以年终奖等年度奖金抵扣比较妥当，这主要的考虑是不要影响员工的日常生活，避免其他法律风险。

3. 业绩奖金

业绩奖金指公司在达成一定业绩目标的前提下，可以按当年净利润净增加额的一定比例提取一定的业绩奖金。该业绩奖金可以现金方式支付给激励对象，或指定用于购买公司股权或股票，但这种方式会增加公司现金流的压力。

4. 向公司或大股东借款

公司或者大股东借款给激励对象或者为激励对象的借款提供担保，这也是很多非上市公司股权激励对象会选择的出资来源方式。

由于非上市公司并不是公众公司，所以相对来说对于激励对象的出资来源没有很多的规制。不过，非上市的股份有限公司会受到限制。根据《公司法》第163条，“公司不得为他人取得本公司或者其母公司的股份提供赠予、借款、担保以及其他财务资助，公司实施员工持股计划的除外”。这里需要注意的是员工持股计划并不等于员工股权激励计划，如果非上市的股份有限公司要为股权激励对象提供财务资助的，可以按照第163条第2款“为公司利益，经股东会决议，或者董事会按照公司章程或者股东会的授权作出决议，公司可以为他人取得本公司或者其母公司的股份提供财务资助，但财务资助的累计总额不得超过已发行股本总额的百分之十。董事会作出决议应当经全体董事的三分之二以上通过”，也即需要经过股东会决议，或者董事会按照公司章程或股东会授权作出决议后，公司才能为股权激励对象提供财务资助。上市公司对于激励对象的出资来源就有严格的限制，《上市公司股权激励管理办法》第21条明确规定，“激励对象参与股权激励计划的资金来源应当合法合规，不得违反法律、行政法规及中国证监会的相关规定。上市公司不得为激励对象依股权激励计划获取有关权益提供贷款以及其他任何形式的财务资助，包括为其贷款提供担保”。如果非上市公司有上市规划，一定要注意股权激励计划与资本规划的衔接，注意合法合规性问题。

案例延展：吉宏科技股份有限公司补贴激励对象被警示

吉宏科技股份有限公司2021年限制性股票激励计划相关公告显示，激励对象资金来源为员工自筹资金，该公司承诺不为激励对象提供贷款及其他任何形式的财务资助。但事实上，吉宏科技股份有限公司于2021年8月分别以支付商品采购款和广告费名义为部分激励对象获取有关限制性股票提供财务资助，金额合计1421.18万元，因此，也造成了该公司披露的前述公告内容不真实。

由于吉宏科技股份有限公司在股权激励计划的信息披露文件中作出虚假承诺，违规资助部分激励对象认购限制性股票。2021年12月28日，厦门证监局对该公司采取出具警示函的行政监管措施，并将该公司相关情况记入证券期货市场诚信档案。上述相关款项已全部退回该公司。

案例启示：

根据《上市公司股权激励管理办法》第20条第2款、第21条等的相关规定，上市公司应当承诺，股权激励计划相关信息披露文件不存在虚假记载、误导性陈述或者重大遗漏。激励对象参与股权激励计划的资金来源应当合法合规，不得违反法律、行政法规及中国证监会的相关规定。上市公司不得为激励对象依股权激励计划获取有关权益提供贷款以及其他任何形式的财务资助，包括为其贷款提供担保。而吉宏科技股份有限公司明显违反了上述规定，并且也损害了社会公众利益，存在“以股权激励计划为名，行利益输送之实”的嫌疑，应当引以为戒。

第36问：如果激励对象要出资，激励股权的定价方法是什么？

答：我们一直认为股权激励需要员工出资，若无出资，激励对象可能无法感受到激励股权的价值，各方也可能无法形成紧密的利益共同体。那么对于不同公司，公司的不同发展阶段，不同的激励模式，如何对激励股权正确定价就显得格外重要了。实际上定价问题说复杂也复杂，说简单也简单，由于非上市公司无法在二级市场以股票的形式公开流通，所以关于激励股权定价的问题总结一句话就是符合买卖各方预期。激励对象作为员工，对于激励股权的定价尤其敏感，必须要有具体的定价方法方能显得公平、公正、可接受。

激励股权的定价是基于公司整体价值的客观评估。对于公司的估值，主要有以下三种方法：（1）注册资本估值法；（2）审计报告的净资产估值法；（3）市场估值/融资估值法。其中（1）注册资本估值法在实践中的应用比较少，一般适用早期创业的企业，而创始人在公司注册资本基本都已经实际缴纳的情形。（2）审计报告的净资产估值法在传统的重资产企业运用较多，就是把企业的土地、厂房、机器、货物、账上资金等全部资产进行评估，然后得出一个企业的净资产，再折算每股的价值。这种估值的方法相对保守，并且忽视了企业的无形资产和增长空间，并不适合快速发展的新兴企业。

（3）市场估值/融资估值法较为适合很多快速发展的新兴公司：

①比如盈利估值方式，通常说的 P/E 估值法（Price Earnings Ratio，P/E 或 PER），公司价值 = 预测市盈率 × 公司未来 12 个月利润。

通过公司财务预测可以估算公司未来 12 个月的利润，预测市盈率就是要看相同行业的其他企业、同等规模上市公司的市盈率倍数，再根据企业目前所处的发展周期，来核定一个倍数，然后相乘算出具体估值。P/E 估值法在轻资产型企业较为常见。

②再如，市销率估值方式，市销率（Price - to - sales，PS），和市盈率类似，将数据从利润改为销售额，因为没有销售，就不可能有收益，收入分析是评估企业经营前景重要的一步。

这种先在国际资本市场兴起的市场比率，主要用于创业板的企业或高科技企业。可以认为，对于成熟期的企业，通常使用市盈率（PE）来估值，而对于尚未盈利的高成长性企业，则使用市销率（PS）来估值可能更为可靠。

③还有一种比较普遍的估值方法，就是可比交易法，就是找到与本企业商业模式类似、经营业绩相似的企业，它们是在本企业估值前一段合适时期被投资、并购的公司，将它们融资或并购交易的定价依据作为参考，从中获取有用的财务或非财务数据，求出一些相应的融资价格乘数，据此评估本企业的具体价值。

案例延展：

我们曾经服务的一家科技企业成立于 2010 年，该公司注册资本经过几轮增资后为 3000 万元，均为实际缴纳，该公司由 4 个创始股东出资设立。该公司成立后发展迅猛，主要客户是政府、大型国有企业等，主要致力于城市土地规划等业务领域。2017 年这家公司在委托我们团队提供股权激励法律服务的时候，就授予核心员工期权激励的定价方法最后确定采取注册资本法。

按理说这家公司并不是初创企业，公司发展势头也很好，为什么仅仅采用注册资本法呢？实际上创始人有三个方面的考虑。第一，该公司虽然发展很快，但基于业务的特殊性，暂时还没有对外融资，所以市场融资估值法暂时无法实现；第二，该公司也不属于传统的实业企业，没有大量固定资产，之所以考虑实施股权激励计划，主要还是因为该公司的主要竞争力是人才；第三，该公司这几年发展很快，各种实用新型、发明专利等知识产权陆续申报和取得，在激励对象眼里该公司的价值远高于注册资本，他们是认可的，既然不能按照有市场交易的估值来定价，创始股东干脆就按照注册资本法来定价，这样既体现了激励股权的定价优惠，表明了足够的诚意，又省去了烦琐的对外融资估值审计或者评估，更加对激励对象是一种诚意。所以，该公司的激励股权定价层面，高管们都是认可和心存感激的，员工后续出资行权都很顺畅。

案例启示：

这个案例给我们的启发就是激励股权的定价方法只是原则上的，而公司在制订适合自己公司的股权激励计划时要懂得变通，可以多种定价方式融合确定，也可以选择一种最佳定价方法来确定激励股权的价格。案例中的公司虽然在实施股权激励的时候距离末次增资已经过去好几年了，公司还有大量的无形资产，但是毕竟没有对外进行股权融资，也没有委托专业的审计机构进行估值审计，所以老股东们索性按照注册资本法定价，这样激励对象也受到鼓舞，最后共同推进公司高速发展，公司价值大幅提升。最终大赢家还是老股东们，毕竟他们的股权比例大，所以从激励股权的定价也能看出企业家们的格局和胸襟。

第 37～39 问：激励股权有哪些权能限制？（激励对象获得股权后，是否进行工商变更登记？是否参加股东会？是否拥有表决权？）

答： 股权激励模式的不同，激励股权的权能也是不一样的。根据激励对象最终能否取得实股，可将股权激励模式区分为实股激励模式与虚股激励模式。

1. 获得虚股的激励对象，仅是获得公司内部认可的一个身份，并不需要对外进行工商登记，自然对外不具有股东资格。至于是否有权参加股东会会议，法律上直接的权利是没有的，但是公司全部实际股东如果授权、认可虚股的获得者列席股东会会议也是可以的，一般来讲股东表决权只有实股股东才能享有，虚股获得者不享有表决权，其主要权益是分红权，以及持有的虚股账面增值权。

2. 关于实股激励模式——期权激励模式。待期权成熟后，只要激励对象按照股权激励计划行权出资购股，那么不管是直接持股还是间接持股，均是要进行工商变更登记的，自然激励对象就可以参加其直接持有股权的主体公司股东会会议或者直接持有财产份额的有限合伙企业的合伙人会议，按照约定及法律规定拥有一定的表决权。这里需要注意的是，公司股东会一般是按照出资比例行使表决权，而合伙企业自由约定较多，尤其很多合伙企业直接交由执行事务合伙人，所以表决权直接持股和间接持股是有一定区别的。另外，获得实际股权后，如果是股份有限公司则法律规定会有一定的限售期或禁售期，比如激励对象为公司董事和高管，其在任职期间每年转让的股份不得超过其所持有本公司股份总数的 25%；在离职后半年内，不得转让其所持有的本公司股份。

3. 关于实股激励模式——限制性股权激励模式。激励对象愿意在签署协议的当下就按照约定的价格出资入股，那么就应当进行工商变更登记，激励对象就可以参加其直接持有股权的主体公司股东会会议或者直接持有财产份额的有限合伙企业的合伙人会议，按照约定或法律规定拥有一定的表决权。这里直接持股的表决权和通过有限合伙企业间接持股的表决权区别于期权转为实股的表决权，此处不再赘述。但是，因为限制性股权的价格是明显低于市场价的，需要在未来一定期间去成熟解锁，所以限制性股权的获得者在解锁之前，拥有的限制性股权的完整权能是受限制的，不能自由转让，如果最终没有完成业绩目标或者提前离职，通常是需要按照约定以一定的价格被公司指定的第三方回购的。另外，在限制性股权成熟期满获得完整的所有权后，公司也可以按照股权激励计划与激励对象约定一个限售期或禁售期。如果是股份有限公司则法律规定会有一定的限售期或禁售期，比如激励对象为公司董事和高管，其在任职期间每年转让的股份不得超过其所持有本公司股份总数的25%；在离职后半年内，不得转让其所持有的本公司股份。

案例延展：

上海姚记科技股份有限公司2022年的股权激励计划公告（节选）

1. 授予登记的限制性股票数量及人数：本次授予登记的限制性股票数量为400.00万股，占公告日公司股本总额的0.98%，授予的激励对象12人。

2. 授予的限制性股票上市日：2023年1月17日。

3. 授予的限制性股票价格：7.46元/股。

限制性股票的限售期

本激励计划授予的限制性股票的限售期分别为自相应授予登记完成之日起12个月、24个月、36个月、48个月。

禁售期

禁售期是指对激励对象解除限售后所获股票进行售出限制的时间段。本次限制性股票激励计划的限售规定按照《公司法》《证券法》等相关法律、法规、规范性文件和公司章程执行，包括但不限于：

（1）激励对象为公司董事和高管的，其在任职期间每年转让的股份不得超过其所持有本公司股份总数的 25%；在离职后半年内，不得转让其所持有的本公司股份。

（2）激励对象为公司董事和高管的，将其持有的本公司股票在买入后 6 个月内卖出，或者在卖出后 6 个月内又买入，由此所得收益归本公司所有，本公司董事会将收回其所得收益。

（3）在本激励计划有效期内，如果《公司法》《证券法》等相关法律、法规、规范性文件和公司章程中对公司董事和高管持有股份转让的有关规定发生了变化，则这部分激励对象转让其所持有的公司股票应当在转让时符合修改后的《公司法》《证券法》等相关法律、法规、规范性文件和公司章程的规定。

案例启示：

上述案例是我们摘录自上市公司上海姚记科技股份有限公司关于 2022 年股权激励计划授予限制性股票登记完成的公告。从公告计划的节选部分可以看出，激励对象出资购买限制性股票后有 4 年的限售期，即股权的完整权能中出售权是受限制的，另外在激励股权 4 年成熟期满后，如果激励对象是董事、高管还有一个禁售期。从上述案例我们可以看出限制性股票的激励计划对于激励对象的限制实际上就是一种留人的策略。在 4 年的成熟期内如果激励对象离职，那么剩余未成熟的限制性股票无法兑现，可能会启动回购程序。另外，在全部限制性股票成熟后，如果激励对象是公司董事、高管，也会有一个在职期间每年转让的股份不得超过其所持有本公司股份总数的 25%；在离职后半年内，不得转让其所持有的本公司股份的限制。通过这一系列的约定来约束和捆绑激励对象长期在公司努力工作，实际上也是股权激励计划的根本目的之一。

第40～41问：股权激励通常有哪几种持股方式？如何通过激励对象在本公司直接持股、通过有限合伙企业、通过有限责任公司持股之间的税负差别进行股权调整？

答：一般来讲，公司制订股权激励计划的时候，最终激励对象获得的实际股权可以是直接持股、通过有限合伙企业、通过有限公司持股，目前市场上运用比较广泛的形式是通过有限合伙企业持股，表6的呈现会更清晰。

表6　不同持股平台对比

项目	持股平台（有限责任公司）	持股平台（有限合伙）	管理层直接持股
类别	间接持股	间接持股	直接持股
能否保留股份作为未来激励的份额	可以	可以	不可以
实际控制人的控制方式	为确保对持股公司的绝对控制，实际控制人需持有绝对多数股权（51%及以上），因此持股平台持有的主体公司股权远高于实际用于股权激励的股权，剩余部分为实际控制人直接持有。从而导致持股公司需持有股权激励所需股权的两倍或更多	通过合伙协议约定由普通合伙人执行合伙事务，实际控制人仅需持有少量份额即可实现对平台的控制	除激励对象出具的关于服务期等的承诺函外，实际控制人无法直接控制相应股权的转让等事项

续表

项目	持股平台（有限责任公司）	持股平台（有限合伙）	管理层直接持股
股权流动性	股权转让需由其他股东同意，实际控制人通过公司章程、管理层承诺函、股东会中的多数表决权实现控制	实际控制人可作为普通合伙人直接约束其他合伙人的财产份额转让，合伙协议较公司章程更自由	除法律、法规规定的限制流通情况及自我承诺限售义务外，可自由流动

案例延展：

2021 年，一家医疗养老集团公司委托我们团队制订股权激励计划，该集团公司旗下有若干家子公司和孙公司，并在组织外部有独立的运行医院若干。该集团公司注册资本 5000 万元，部分实缴。经过我们与该集团公司的实际控制人 Q 总交谈得知，其考虑本次股权激励的人数大概为 50 人，对部分高层员工实施限制性股权激励模式，部分中高层员工实施期权的激励模式，所有员工最后行权后均通过有限合伙企业的持股平台持股。Q 总本身在该集团公司进行顶层股权设置的时候就预留了一个有限合伙企业作为持股平台，已经设立的有限合伙企业的普通合伙人是 Q 总的家族公司，控制有限合伙企业的表决权。但是，由于本次股权激励的人员较多，涉及的规则也有所不同，所以最后安排了两个有限合伙企业持股平台，除了原预留的持股平台外，另外设立了一个有限合伙企业，并且通过实际控制人 Q 总老股转让的方式完成医疗养老集团公司的股权顶层结构调整。

案例启示：

这个案例是我们团队实操的案例，所以感受比较深刻。囿于集团公司暂时没有上市，很多客户信息无法披露，我们只能将案例改编并隐去客户隐私信息展示给大家，带大家来了解股权激励的持股形式。这个案例带给大家的启发是：第一，客户选择有限合伙企业的持股形式主要的出发点是让渡更多的股权给核心员工，但底线是实际控制人可以掌握企业控制权；第二，由于有限合伙企业依照法律规定最多只能有50个合伙人，所以如果激励对象人数多，约束和激励规则不一，则应当设立多个有限合伙的持股平台；第三，为了保障控制权，有限合伙企业的普通合伙人通常是实际控制人或实际控制人设立的公司。当然这种模式有利有弊，如果是上市减持解禁，实际控制人作为普通合伙人、执行事务合伙人的话，由于有限合伙企业的所有成员将来解禁都会受限，那么实际控制人也是要遵守上市后36个月不得减持的规定。

第42问：股权激励计划的退出机制如何设定？

答：股权激励计划的退出机制可以根据不同类型的公司、公司的不同发展阶段进行个性化的设定，但总的来说我们认为需要秉持“人走股留”的原则，毕竟股权激励是基于人的持续贡献。本书主要谈及的是非上市公司，所以我们认为在股权激励计划的退出机制设定上要区分主动退出与被动退出，主动退出主要考虑是否给予激励对象在公司上市以前退出的通道，以及退出的情形。被动退出则应当区分过错退出以及非过错退出。*过错退出情形*，比如：（1）激励对象在服务期（锁定期）内单方面解除劳动合同，或不同意公司维持或提高劳动合同约定条件续签劳动合同；（2）激励对象被开除而与公司解除劳动合同；（3）激励对象因犯罪行为被依法追究刑事责任的；（4）激励对象违反法律法规、公司章程或公司内部管理规章制度的规定，或发生劳动合同约定的失职、渎职行为，严重损害公司利益或声誉，或给公司造成直接或间接经济损失，或给公司经营或资本市场运作带来重大不利影响；（5）激励对象在任职期间，存在受贿、索贿、贪污、盗窃、泄露经营和技术秘密等行为，或者存在其他违反诚实信用、职业道德的行为；（6）激励对象未经公司事先书面同意，从事或通过关联人士从事与公司相竞争的业务，或在从事与公司相竞争业务的公司任职或领薪；（7）激励对象违反与公司签订的任何协议（包括但不限于劳动合同、授予协议、竞业限制协议等）。*非过错退出的情形*，比如：（1）激励对象在服务期限（锁定期）届满后离职；（2）激励对象与公司协商一致解除劳动合同；（3）公司未完成经营业绩指标或激励对象工作表现未达到预期目标；（4）激励对象退休、死亡或丧失行为能力；（5）公司发生重大变化，不适合继续实施股权激励计划。

另外，在设计股权激励计划的时候一定要注意退出机制除了退出情形的提前预设，还有退出价格与回购主体，否则后续容易出现争议。退出价格根据不同的退出情形可以不一样，不一定是固定的价格，也可以设计一个退出的计价规则，但必须明确。回购主体建议不要是公司，因为涉及公司减资的合法合规性，建议灵活处理，比如由实际控制人或实际控制人指定的内部股东等回购。

案例延展（一）：

A公司在制订股权激励计划，法律文件设定的*退出条款*如下：

激励对象须于参与股权激励前作出承诺，承诺自参与股权激励之日（以签订股权激励协议书等相关法律文件之日起算）起一定年限内服务于公司（上述年限由公司确定，以下简称承诺服务期）。

具体服务期承诺如下：

（1）若股权激励对象因触犯法律、违反职业道德、泄露公司的商业秘密、失职或渎职等行为严重损害公司利益或声誉而被公司解聘；（承诺服务期内）股权激励对象主动提出与公司解除合同；股权激励对象与公司劳动合同到期后（但承诺服务期未满）股权激励对象不愿续约，则公司有权利（但无义务）单方面决定由其指定的单位或个人无条件收购股权激励对象所拥有的股权或持股平台出资额，收购价为被收购财产份额对应的原始出资额（股权激励对象入股时的认购价格，如认购价格和实际支付价格不一致，以实际支付价格为准）。

（2）（承诺服务期内）若公司提出与股权激励对象解除劳动合同并经双方协商一致提前解除劳动合同而致股权激励对象离职，或股权激励对象劳动合同期满后公司不愿续约而致股权激励对象离职，则公司有权利（但无义务）单方面决定由其指定的单位或个人无条件收购股权激励对象所拥有的股权或持股平台出资额，收购价为被收购股权或持股平台出资额对应的股权激励对象离职前一年度末的公司估值的一定比例对应的股权价格（遵循同进同出原则）或激励对象的原始出资价格加上一定的年利率计算的利息两者中的较高价格标准。

（3）若股权激励对象在承诺服务期内未离职，则在承诺服务期届满后可自行按照届时公司股权的公允价值转让其所持有的股权（法律、法规及证监会相关规定禁止的除外）。

案例启示（一）：

这个案例中关于激励股权的退出机制主要考虑的角度是被动退出，即公司认为激励对象不符合继续持有公司股权，需要安排回购的情形。被动退出主要区分过错与非过错的情形，如果激励对象损害公司商业利益，那么无论其持有激励股权的时间长短，一般就是原价回购。但如果激励对象是因为客观原因，比如公司因为激励对象的能力问题，希望与其解约，那么激励对象的历史贡献必须兑付，通常是按照“同进同出”的原则，有的时候也可以按照资金的时间价值来计算给付。

案例延展（二）：2023 年 5 月北京市第一中级人民法院涉股权激励劳动争议典型案例

康某于 2017 年 11 月入职 Q 公司，2020 年 6 月 Q 公司以康某多次接受外部咨询公司付费访谈，违反公司利益冲突规定接受供应商的招待及宴请，且该等出行未向其披露，也没有履行出差审批手续，出行目的系为供应商及员工个人谋取私利，严重违反公司规章制度为由与康某解除劳动合同。

康某诉至法院，要求Q公司支付解除劳动合同赔偿金以及确认期权归属。康某主张，录用通知书明确约定，其有价值不低于60万元的期权，入职后另行签订授予细则。Q公司辩称，股权激励协议约定，员工因严重违纪被解除劳动合同，双方此前约定的期权包括在职期间授予及截至解除日尚未授予的，将全部取消作废，因此康某无权获得期权。

法院经审理认为，康某的行为已经严重违反Q公司依照法定程序制定的规章制度，Q公司据此解除劳动合同符合法律规定。双方均认可股权激励协议真实合法有效，如康某被Q公司因故解除劳动合同，其期权将在离职日作废，不论该期权是否已得权或可行使。Q公司与康某解除劳动合同行为合法，故康某的期权作废，对于其要求确认期权归其所有的诉讼请求，法院不予支持。

案例启示（二）：

这个案例就是股权激励中因过错退出的典型案例，激励对象作为高管违反了相关约定，严重损害了公司的利益，触发了股权激励过错退出机制，公司可以取消其全部期权（无论是否授予、成熟完毕）。一般来讲，股权激励计划的退出机制会根据不同情形区分主动退出与被动退出，而被动退出机制又分为过错退出与非过错退出，不同的退出情形导致的退出机制有所不同。

第43～44问：非上市公司制订股权激励计划经常会犯的错误有哪些？如何避免？

答：非上市公司制订股权激励计划时经常会犯的错误：一是股权激励计划时机错误，比如实施过早。公司的业务还不稳定，组织架构也不完善，这个时候创始人给一些关于股权激励口头上的邀约是可以的，但是匆匆忙忙落地实施具体的股权激励方案就是一个错误。二是股权激励的模式选择错误。股权激励的核心是激励未来，而不是奖励过去，所以过去的业绩要看，但是过去的业绩主要是筛选人才和确定份额的作用，股权激励的模式还是推荐看未来，比如期权或限制性股权，而不是直接使用实际股权来激励。三是被激励对象人数众多，股权激励做成了“大锅饭”，股权的稀缺性和价值性无法体现。诚然，当年阿里上市前股权激励对象范围很广泛，甚至早期是全员参与，但不是所有的企业都适合阿里的股权激励方案，毕竟公司的性质、外部的大环境、内部的组织架构都不完全相同，我们认为股权激励还是需要客观评价激励对象，不是所有的员工都适合股权激励，纳入股权激励计划，必须要有一个遴选机制，要突出股权的稀缺性、未来可期待性。四是公司内部管理制度与股权激励计划脱节。这个错误与第一个时机问题并不一定重合，虽然有些企业发展了很多年，但是内部管理制度依旧混乱或者缺失。股权激励计划是建立在公司组织架构相对完善，内部管理制度成熟且规范的基础上，否则股权激励就有可能变成空中楼阁。因为如何定人、定量、定规这些股权激励的核心要素都依托于公司内部的管理制度，尤其是人事考核制度。五是公司股权激励计划没有长期对员工的预期做好动态管理。股权激励计划属于中长期激励，对于纳入激励范围的员工来说是件非常重大的投资，不仅投钱还投入了自己的青春、智慧与时间，所以公司在实施股权激励计划的时候一定要慎重，并且高度重视对员工的预期管理，与股权激励相关的重大事件必须及时告知员工并做好解释工作，而不是将股权激励看作普通的人事管理或人事薪酬制度，推行自上而下的政策。六是股权激励计划的退出机制设定未考虑周详。我们在给很多非上市公司制订股权激励计划的时候经常会听到很多老板的焦虑，担心人走了，股权收不回来。实际上股权激励计划的退出机制包含十分复杂的要素，并不仅仅是离职一种情形，如果对于竞业限制、主动或被动退出的情形没有考虑周详就有可能后续在股权激励实施和管理的时候出现纠纷。七是激励股权定价机制不科学，尤其是不设价格。常有客户咨询的时候开始抱怨，为什么自己给高管白送股权，高管还要离开。实际上这个问题需要辩证地来看，股权是一家公司的未来，公司经营发展迅猛，财务数据增长快，则公司的股权就值钱，当然不能白送；如果公司经营发展受阻，业绩平平，则公司的股权可能就是责任与风险，员工当然也不想去拿烫手的山芋，所以综合来说，既然要实施股权激励计划，我们不建议定价为 0 元，很容易让员工觉得公司股权不值钱，会有风险。

案例延展：

2022 年 9 月 9 日深交所对天齐锂业（002466. SZ）下发关注函，因此前其员工持股计划（草案）拟通过非交易过户等方式，向不超 240 名核心员工，以 0 元/股受让公司回购专用证券账户中的股票，该部分股票的市值约为 2 亿元。

深交所要求其明确回复持股计划是否有利于维护公司及中小股东利益，是否存在变相输送利益的情形。

在深交所的关注函中，监管机构要求天齐锂业说明：要求其结合公司经营情况、公司股票价格等进一步说明此次员工持股计划受让价格的定价方法、依据及其合理性，员工以 0 元/股受让回购股份是否有利于建立和完善员工与公司的利益共享机制，是否符合《关于上市公司实施员工持股计划试点的指导意见》中“盈亏自负，风险自担”的基本原则，是否有利于提升公司竞争力，是否损害上市公司及中小股东利益。

案例启示：

这个案例就涉及 0 元定价的问题。定价一直是股权激励的核心问题，相比于上市公司的定价更容易被检验（有对应的流通股价）以及被监管（收到关注函并作出应答），非上市公司就不会有上述的限制，不过更大的自由、更大的选择范围意味着更多的不确定性和风险。如果激励股权的定价较高，一方面激励对象需要支付过高的激励对价，会增加激励对象的资金压力，另一方面如果对他们的经济情况造成较大影响，会削减激励对象的积极性、降低股权激励计划的可实施性。反之，如果激励股权价格较低甚至白送，那么能否起到股权激励计划预期的激励与捆绑作用又是存疑的，我们是不推荐白送股权的，因为无法起到筛选人才的作用，只有真正“用脚投票”的激励对象才是愿意与企业一起发展的“奋斗者”，而且白送的东西往往给人不值钱的信号。

上市公司股权激励计划的股票价格有证券市场的股价参照，不同的激励模式定价不同，《上市公司股权激励管理办法》规定期权行权价格不得低于股票票面金额，且原则上不得低于下列价格较高者：股权激励计划草案公布前 1 个交易日的公司股票交易均价或股权激励计划草案公布前 20 个交易日、60 个交易日或者 120 个交易日的公司股票交易均价之一，而限制性股权授予价格一般是不低于 50%，时间同股权。而非上市公司在进行股权激励时，股票价格的确定没有相应的二级股票市场价格作为定价基础，通常采用的方法是对企业的价值进行专业的评估，然后确定企业总体股份的价值，从而确定企业每股的价值，并以此作为定价——届时激励对象行权价格的基础。总之正确的定价是股权激励计划成功的基础，对于这个股权激励计划的要素大家都要十分重视。

第 45 问：如果公司没有按照预先规划的约定上市，激励对象可以主动退出股权激励计划吗？

答：非上市公司冲刺上市以前的一定时期可能会实施股权激励计划。这个时候通常我们给创始人的建议是股权激励计划最好在上市申报材料以前完成，这样不涉及过渡期带期权上市的审查问题。另外对于激励对象的主动退出权利要有所限制，因为这个时期的股权激励主要是为了核心员工的稳定性以及公司业绩的最后冲刺。如果最后公司上市，那这一批激励对象自然是最大的获益者，上市后按照法律关于限售股权的规定操作即可，但是如果最后公司未能按规划约定上市，可能是因为外部的原因延后了，也可能因为自身的原因无法上市了，这个时候我们认为需要具体问题具体分析。如果激励对象的人数不多，又是上市前特定的股权激励，则应当赋予激励对象主动退出的权利，否则会大大影响激励对象参与股权激励计划的意愿，以及股权激励计划实施的效果。

关于如何提前约定退出规则，我们认为可以根据公司的具体情形约定减资退出或创始人/创始人指定的第三方主体回购退出，具体退出的价格可以按照“同进同出”定价的规则，即进来的定价规则如果是按照前一轮股权融资价格的一定系数定价，退出的时候遵循同样的规则。

案例延展：喜马拉雅①

2022年6月，喜马拉雅第三次IPO失败，上市计划再度推迟。极大部分原因在于投资者不满意其估值。此前，喜马拉雅为了上市做准备，在2020年下半年开始大规模扩张，引进猎豹、趣头条等互联网高管。与此同时，为了吸引并留住人才，喜马拉雅向部分员工发了一些期权。一位喜马拉雅的员工表示，最初拿到期权的时候还是挺开心的，虽然工资不高，但公司上市之后，这些期权将让工资变得不那么重要，毕竟有很强的股票上市增值期待。不过，喜马拉雅上市进程再三搁浅，员工也有些心灰意冷。该员工表示，喜马拉雅目前的处境不容乐观。该公司的知识沉淀不足以及在人才培养的能力上有所欠缺。在管理上，该公司任用非专业人士负责教育板块；反复研究一个没有创新力的话题，最终难以落地；盲目地走多元化道路，不但扩充不了盈利模式，反倒内耗加剧，丢失了原本的内容优势。从财报来看，喜马拉雅年收入与樊登读书接近，但员工却超出了6倍。2019~2021年，喜马拉雅净亏损超20亿元。再加上多次IPO失利带来的影响，一些手握期权的员工忐忑不已，“公司无法上市，我们手中的期权就是废纸一张；就算上市成功了，以公司目前的状况和市场环境来看，破发*也是大概率事件”。现在手握期权的员工

① 参见吴依涵：《败走IPO的年轻人》，载虎嗅网“光子星球”2022年7月20日。

* 破发，指的是股东在二级市场中的价格跌破它在一级市场的发行价，即股价破跌发行价。

陷入两难的困境，如果现在跳槽，期权肯定打水漂了；如果不离职，等到了上市的那一天，自己又能得到多大的收益？即使有人能够将期权兑现，但结果也未必能尽如人意。

案例启示：

喜马拉雅的案例给我们的启发就是，对于激励对象而言，股权激励的价值在于最后的变现退出通道与变现时的股票价值，归根到底还是与公司价值在资本市场的体现息息相关。所以，股权激励的退出机制是整个股权激励计划的核心要素，关乎股权激励是否成功与安全。

第46～48问：股权激励计划中会涉及“竞业限制”条款吗？这与劳动合同法中规定的“竞业限制”是一回事吗？激励股权项下的权益可以作为竞业限制的对价吗？如果激励对象违反了竞业限制义务，激励股权可以要回吗？

答：股权激励主要是使用期权、限制性股权、虚拟股权等模式对核心员工进行激励，但是通常我们在设计股权激励计划的时候会遵循激励与约束并存的原则，在企业与激励对象签署的一系列法律文件中会包含一项承诺就是严禁同业竞争，所以大部分股权激励计划中会涉及竞业限制条款，毕竟创始人、企业老板最怕的就是“给了钱，丢了权，还走了人”。股权激励中的竞业限制与劳动合同法中规定的竞业限制不同。劳动合同约定的竞业限制针对的主体非常严格，并不是所有员工都包含在内，一般仅限于用人单位的高管、高级技术人员和其他负有保密义务的人员，竞业限制的时间明确规定是离职后2年，另外这些人员签署了竞业限制协议，离职以后每个月公司还需要支付经济补偿金。但是，对于股权激励计划中的竞业限制，企业并不需要在激励对象离职后按月支付补偿金，股权激励中的竞业限制也不受《劳动合同法》的约束和制约，激励对象的范围可能更窄也可能更广，并不一定。另外公司和激励对象之间遵循的是平等民事主体之间的约定，激励对象为了获得可能的股权收益自愿承诺竞业限制，如果违反，则自愿返还本次股权激励计划获得的所有股权或股权收益，这是现行比较普遍的通行做法。

关于股权激励计划的股权收益是否可以作为竞业限制的对价，根据《劳动合同法》第23条的规定，用人单位可以在劳动合同或保密协议中与劳动者约定竞业限制条款，并约定在解除或终止劳动合同后，在竞业限制期限内按月给予劳动者经济补偿。这里的经济补偿并没有严格的形式要求，但是需要每月支付。而在股权激励计划中，无论是实股激励还是虚股激励都不满足这一点，况且如果是非上市公司的激励股权，那么它的价值和变现都存在一定的问题，所以如果在协议中约定股权激励获得的股权或股权收益期待权冲抵竞业限制经济补偿金是具有法律风险的，员工不但可以在股权价值下降时主张企业以货币形式重新支付竞业限制补偿金，还可以以未约定经济补偿金为由解除竞业限制补偿协议。这对公司非常不利，所以不建议将股权激励项下的收益权作为竞业限制的对价。

案例延展：腾讯前员工遭索赔1940万元

徐某华是腾讯公司的前员工，2009年4月加入腾讯游戏，负责网游开发运营。他曾参与研发著名网游《轩辕传奇》，并获得腾讯公司的股票期权，在获得股权激励的同时，徐某华与腾讯公司签订了保密与不竞争承诺协议书。但是徐某华并没能信守承诺，于2014年1月私下成立上海沐瞳科技有限公司。2014年5月，徐某华从腾讯离职后又成立了三家公司，前后研发出多款与腾讯研发的游戏相似的产品，尤其是《无尽对决》与腾讯开发的《王者荣耀》高度相似。

后腾讯公司将徐某华诉至法院索赔。一审法院认为徐某华的确违反了竞业限制约定，判令徐某华赔偿腾讯公司372万元。随后双方对一审判决均不服，提起上诉。二审法院认为徐某华的行为明显违反了竞业限制义务，同时二审法院改变了一审法院认定违约金的计算结果，并据此判令徐某华按照双方协议约定返还其基于腾讯公司授予的股票获得的所有实际收益，向腾讯公司支付1940万余元。据悉，这是当时国内股权激励涉及竞业限制中的单次判罚金额最大的案件。

案例启示：

股权激励计划是多维的系统化项目，是管理问题，涉及人力资源、组织和绩效薪酬；是法律问题，法律合规、协议制度等法律文件必不可少；是企业发展战略问题，关乎企业的现在和未来，所以激励与约束的平衡非常重要。创始人既要舍得分出去，也要懂得拿回来，如果激励对象违反了承诺，违反了竞业限制，要实行铁腕手段拿回来，这样才能形成统一的正向循环，我们认为这也是股权激励的魅力所在。

第49~50问：公司被收购了激励股权怎么处理？公司倒闭了激励股权怎么处理？

答：公司被收购或者倒闭的情形，属于股权激励的被动退出，也就是并非激励对象主动想要退出。前者相对乐观还能变现或增值，后者可能会让员工的原始出资款都打水漂了。如果遇到公司整体被收购，通常我们在股权激励计划中会设计两条路径供激励对象选择：第一条路径是激励对象所在的持股平台有权以同等条件（同等价格、同等付款方式等）与创始人团队一起变现退出；第二条路径是激励对象可以选择留下，接受新股东制订的股权激励计划，这个新的股权激励计划需要公布给大家，由激励对象选择。如果公司倒闭了，那么公司的股权自然没有任何价值了，激励对象手里的激励股权无论是否兑现都没有任何意义了，所以员工出资行权，无论是限制性股权还是期权，本质上是一种股权投资行为，只是除了用资金投资，还用了自己的时间、智慧和经验等资源综合性投资。既然是投资，就会有投资失败的风险，所以激励对象必须慎重考虑。公司和创始人也要明确和激励对象说清楚，只有大家都明白了，才能发挥出股权激励最大的作用。

案例延展：

2015 年 11 月，乐视全体员工收到了一封名为全员激励计划正式启动的邮件。邮件内容称，乐视控股（全球）将拿出原始总股本的 50% 作为股权激励总量给予员工，且原则上不需要出资购买。当时有乐视高管对外透露，根据规划，乐视控股（全球）预计在 2022 年实现首次公开发行股票，并估算届时市值达到 1.7 万亿元。当时有业内人士初步计算，一旦乐视控股（全球）上市，乐视员工将可能获得 8500 亿元的财富。

2017 年年初，孙宏斌向正面临巨大资金缺口的贾跃亭伸出“橄榄枝”，融创中国以 150 亿元成为乐视上市体系中乐视网的第二大股东，同时成为乐视致新和乐视影业的重要股东。值得注意的是，在此笔交易中，融创中国分别受让乐视网及鑫乐资产所持有的乐视致新 2923 万元（占乐视致新总注册资本的 10.3964%）和 4417 万元（占乐视致新总注册资本的 15.7102%）注册资本，受让价格分别为 23 亿元和 26 亿元。而鑫乐资产实际上为乐视系员工的股权平台。一位乐视系公司的员工向《证券日报》记者表示：“贾跃亭此次出售给孙宏斌的鑫乐资产所持有的乐视致新的股权，实际上是乐视员工持有的乐视致新的股权，虽然贾跃亭是鑫乐资产的大股东，其可以出售该笔资产，但其在进行此笔交易时却违背了对员工们的承诺。”“当初，公司在实施股权激励计划时，与每位员工都签署了协议。公司与员工约定行权条件，也约定了如果员工离职可以把自己名下的一半股权带走，但现在这些被公司激励出去的大部分股权都已被贾跃亭转让给了孙宏斌。”乐视某中层人士告诉记者。

案例启示：

这个案例比较特殊，属于公司被收购，创始人违背承诺将激励股权出售给了投资人，却没有带着所有激励对象一并变现。诚然，大多数股权激励计划都会设计持股平台，鲜有股权激励是员工直接持股，但是在股权激励的法律文件中，创始人和公司一般都会承诺激励对象，如果公司被收购或者控制权转移，持股平台的合伙财产份额可以一并出售，激励对象可以选择与创始人一并套现。这个案例给我们的启示是激励对象是否加入公司的股权激励计划，第一要看创始人的价值观，第二要看公司的商业模式和发展势头，第三要签署平等、严谨的法律文件，如果人没选对，又没有法律保障，那么后面就都错了。

第51问：股权激励与股权奖励有什么区别？

答：股权激励与股权奖励最大的区别就是，股权激励关乎未来，激励的是员工的未来，通过一定机制的设定让员工对未来有期待。我们经常打比方，股权激励就是拿企业未来在资本市场的收益去激励当下核心员工持续为企业付出。所以，股权激励最大的特点是未来的不确定性，是否可以拿到实际股权，或者是否可以解锁完整的股权还是要看未来激励对象对企业的贡献，是否可以获得高额回报，还要关注企业的发展和公司的股权价值。而股权奖励则更多是奖励员工过去为企业作出的贡献，即时兑现与现实交易是股权奖励的特点，并且是过去完成时，即兑付的时候核心员工的贡献已经非常明确了，不存在不确定性。股权激励与股权奖励最大的区别在于针对的贡献的时间不同，前者是基于未来，后者是基于过去。企业不同发展的阶段，选择的股份安排与激励模式不一，两种模式并无对错或好坏之分，合适企业发展的股份安排才是最好的。

案例延展：小米公司上市前的部分股权激励计划

公开信息披露，2011 年 5 月小米公司董事会通过公司股权激励计划，符合股权激励计划的人士包括由董事会及其授权的机构批准、授权的员工、顾问、董事会成员和其他人士。该计划下股权激励授予总额度约 3591 万 B 类股。随后几年小米公司董事会多次批准追加股权激励总额度，截至 2017 年年底，可授予总股数约为 2. 51 亿 B 类股，该计划下可授予工具包括股票期权、限制性股票单位，见表 7。

表 7　小米集团股权激励方式

激励方式	绩效目的	期限	限制	没收/回购	撤销限制
购股权	吸引、留住和激励员工作出杰出表现，为利益相关者带来丰厚利润，推动公司经营的成功和增值	≤10 年（特殊规定的除外）	限制转让给公司规定的竞争对手	违反协议没收或者回购条款	限制性条款失效
受限制股份			协议规定的限制条件		
受限制股份单位					

2018 年 4 月，小米公司向雷军控制实体按面值发行约 0. 64 亿 B 类股，占当时小米公司总股本的 3%，以奖励雷军对小米公司作出的贡献。

案例启示：

从小米公司的股权激励（含股权奖励）计划可以看出，通常来说，股权激励计划针对的对象涉及面会广一些，可能是公司的高管、核心员工、顾问，而股权奖励的范围相对涉及面会窄一些，一般只针对少数人群，多以创始人为主。比如，上述案例中 2018 年 4 月小米公司奖励雷军的股权是股权奖励而非股权激励。股权激励主要基于未来，所以会存在激励周期，小米公司最长的激励期限为 10 年，而股权奖励则没有期限，一般是即时兑付。另外，股权激励在于未来，所以会有考核，而股权奖励，则是对历史贡献的奖励，并不设置未来考核的约束条件。

第52～53问：股权激励计划/方案需要对员工进行宣讲吗？要注意哪些地方？

答：股权激励虽然是企业重要的激励管理工具，但并不是自上而下单方发起的，需要企业、老板与员工都真正认可才有可能获得成功。所以股权激励计划/方案制订的科学性是关键，不过让老板和员工都了解股权激励计划的内容和核心权利义务也是非常必要的，只在协议上签名不了解各自的责、权、利是没有用的，这个时候股权激励计划的宣讲就很重要了。我们认为企业制订股权激励计划，最后计划落实之前的宣讲非常重要，必不可少。

股权激励宣讲主要是针对方案的内容，目的就是让激励对象参与、明白、了解和认同。有条件的情况下，最好是居间方，比如律师或者咨询师来宣讲更合适，这样能够从外部的视角更公允地解释股权激励计划。另外，还需要安排选择好受众，纳入股权激励计划的激励对象当然是听众，有些时候部分预备候选激励对象也可以加入，提前了解一些股权激励计划的内容，让预备的激励对象能够做好准备，希望加入，使股权激励分期分段分层的激励效果更好。

案例延展：

A公司是一家致力于生产、研发宠物用品的集制造、生产、销售、运营于一体的非上市公司，2019年，A公司通过股权融资收到财务投资人的一笔股权投资款2000万元。2020年，A公司开始启动股权激励计划，委托了我们制定股权激励方案及法律文件。当时，第一批股权激励计划的人选包括行政总监、业务总监、财务总监、运营总监等近10人。但是最后在股权激励的宣贯会上有近20人参加会议，主要还是考虑了本次股权激励计划不是一次性、短期的计划，是一项分期分批、分时段且长期的激励计划，所以需要后面批次的预备激励对象提前了解股权激励的目的、性质、工具、特点、风险等内容。

案例启示：

股权激励计划是长期激励措施，需要坚持长期主义，分批次、分时段进行，所以股权激励的宣贯非常重要。宣贯可以使激励对象了解公司实施股权激励的目的，股权激励的性质、工具、特点还有风险，可以尽可能使员工和创始人以及公司三方之间同频共振，进而使股权激励计划的效果最大化。

第54问：公司章程或者股权激励法律文件中设定的“人走股留条款”是否具有法律效力？

答：非上市公司在实施股权激励过程中，公司章程大多会设计“人走股留条款”，目前司法实践的观点是只要不违反法律的强制性规定，都是具有法律效力的。根据《公司法》第5条的规定，设立公司应当依法制定章程。有限责任公司章程系公司设立时全体股东一致同意并对公司及全体股东产生约束力的法律规则性文件。所有股东在公司章程上签名或盖章的行为，应视为其对章程内容规定事项的认可和同意，该章程对公司及所有股东均产生约束力，即是承认和赞成“人走股留”的规定。基于有限责任公司封闭性和人合性的特点，公司章程对公司股东转让股权作出某些限制性规定，系公司自治的体现。股权激励计划中激励对象之所以可以成为公司的股东，其原因在于激励对象与公司具有劳动合同关系。公司章程将是否与公司具有劳动合同关系作为取得股东身份的依据继而作出“人走股留”的规定符合有限责任公司封闭性和人合性的特点，亦系公司自治原则的体现，不违反《公司法》的禁止性规定。

案例延展：

西安市大华餐饮有限责任公司（以下简称大华公司）成立于1990年4月5日。2004年5月，大华公司由国有企业改制为有限责任公司，宋某军系大华公司员工，出资2万元成为大华公司的自然人股东。大华公司的公司章程第三章“注册资本和股份”第14条规定公司股权不向公司以外的任何团体和个人出售、转让。公司改制一年后，经董事会批准后可在公司内部赠与、转让和继承。持股人死亡或退休经董事会批准后方可继承、转让或由企业收购，持股人辞职、调离或被辞退、解除劳动合同的，人走股留，所持股份由企业收购……，第十三章“股东认为需要规定的其他事项”下第66条规定“本章程由全体股东共同认可，自公司设立之日起生效”。该公司章程经大华公司全体股东签名通过。2006年6月3日，宋某军向公司提出解除劳动合同，并申请退出其所持有的大华公司的2万元股份。2006年8月28日，经大华公司法定代表人赵某锁同意，宋某军领到退出股金款2万元整。2007年1月8日，大华公司召开2006年度股东大会，大会应到股东107人，实到股东104人，代表股权占公司股份总数的93%，会议审议通过了宋某军、王某青、杭某国三位股东退股的申请并决议“其股金暂由公司收购保管，不得参与红利分配”。后宋某军以大华公司的回购行为违反法律规定，未履行法定程序且《公司法》规定股东不得抽逃出资等，请求依法确认其具有大华公司的股东资格。

裁判结果：西安市碑林区人民法院于2014年6月10日作出（2014）碑民初字第01339号民事判决：驳回原告宋某军要求确认其具有被告大华公司股东资格之诉讼请求。一审宣判后，宋某军提出上诉。西安市中级人民法院于2014年10月10日作出了（2014）西中民四终字第00277号民事判决书，驳回上诉，维持原判。终审宣判后，宋某军仍不服，向陕西省高级人民法院申请再审。陕西省高级人民法院于2015年3月25日作出（2014）陕民二申字第 00215 号民事裁定，驳回宋某军的再审申请。

案例启示：

这个案件发生在企业改制的特殊时期，公司章程如此设计的主要原因是希望公司与内部员工捆绑在一起，形成利益共同体，法院认可人走股留的法律效力。通过这个案例，我们认为可以在公司章程条款中作出特殊约定，也可以在股权激励的授予法律文件中规定，但是必须明确激励对象离职时，其获得的股权是“必须”还是“可以”被回购，以及如果涉及回购股权，回购的主体、价格、方式、时间、变更登记的义务等都要细致约定。回购的主体，最好不要直接约定为公司，换成大股东或其指定的第三方会更好，这样更灵活而且不会涉及公司不当减资，或公司回购自身股权的法律风险，不影响公司资本的充实性，未来出现争议的风险也大大降低。

第 55 ~ 56 问：股权激励计划需要调整吗？通常哪些情形会导致股权激励计划的调整？

答：股权激励计划是公司的顶层激励计划，与公司的商业战略规划、人才战略体系息息相关。在这个过程中，公司在不断发展、不断变化；人才梯队在不断建设，也在不断变化；外部市场环境也在不断变化，股权激励计划作为长期激励计划当然也需要适时调整，才能适应各种变量。

我们认为，股权激励计划在实施过程中遇到以下情形，应当予以调整：

1. 公司发生异动情形。例如：（1）公司因并购、重组、改制、分立、合并、注册资本增减等致使实际控制人发生改变，但未触发重大资产重组；（2）公司出现合并、分立等情形，公司仍然存续；（3）公司因并购、重组、改制、分立、合并、注册资本增减等控制权发生变更且触发重大资产重组；（4）公司因破产、解散、注销、吊销营业执照等丧失民事主体资格或者不能继续存续；（5）因经营环境或市场行情等因素发生变化，若公司继续实施股权激励计划难以达到激励目的。上述种种情形都可能导致股权激励计划调整。

2. 激励对象发生变化。例如：（1）激励对象职务发生变更；（2）激励对象因辞职、劳动合同期满、公司裁员而离职；（3）激励对象退休；（4）激励对象因丧失劳动能力而离职；（5）激励对象身故；（6）激励对象所在子公司控制权变更。上述种种情形也都可能导致股权激励计划调整。

3. 非上市公司在股权激励计划实施过程中准备向证监会递交上市申报材料，那么根据具体上市板块的要求有可能需要调整股权激励计划或提前终止股权激励计划。

4. 股权激励计划实施过程中遇法律、法规、政策等的变化，也可能会影响股权激励计划，计划可能需要被动调整来适应最新的法律法规的要求。

案例延展：华为公司的股权激励①

华为公司的股权激励从公司创立开始，迄今为止经历了一系列变化，每次变化都紧跟公司发展的步伐，这为华为公司成为世界级的公司奠定了坚实的基础。

华为公司股权激励计划先后经历了三个大的阶段，分别是：

第一阶段（1990 年至 2000 年）：试点内部员工持股。

第二阶段（2001 年至 2012 年）：虚拟受限股。

第三阶段（2013 年至今）：TUP（Time Unit Plan，时间单位计划）。

每一次变革的背后，都是其内外部环境交互作用的结果。

第一阶段：试点内部员工持股。

华为试点内部员工持股是华为的创业与国内业务快速发展阶段，并逐步开拓海外业务。在这个阶段华为完成了“农村包围城市”的战略，1995 年销售收益达 15 亿元，1998 年将市场拓展到全国主要城市；2000 年设立斯德哥

① 案例主要来源为以下网站：https：//www. 163. com/dy/article/EFG3O48E05370YMF. html，最后访问日期：2023 年 7 月 1 日。

尔摩研发中心，海外销售额达 1 亿美元。

1993 年华为公司每股净资产为 5.83 元，1994 年每股净资产为 4.59 元，1995 年每股净资产为 3.91 元，但每股 1 元的认购价格一直延续到 2001 年。随着华为公司的高速发展，员工股的回报率常常能达到 70% 以上，甚至还可以通过银行贷款来购买股权，以解决新员工没有足够的购股资金的问题。

2001 年互联网经济泡沫破裂，IT 业哀鸿遍野，融资出现空前困难。华为公司迎来发展历史上的“第一个冬天”，那时华为公司销售额为 220 亿元人民币，利润为 29 亿元人民币，位居全国电子公司百强首位。所以，当时有人认为任正非在“做秀”，在如日中天时却疾呼冬天要来了，要预防被冻死。

第二阶段：虚拟受限股。

1998 年华为公司高层赴美考察期权激励和员工持股制度，一种名为虚拟股的激励制度开始进入其视野。在 2001 年糟糕的经济背景下，华为公司开始推行名为“虚拟受限股”的期权改革。

此后，华为公司股权激励模式进行了两次大的调整。在 2003 年内忧外患的情况下，华为公司在虚拟受限股 1.0 的基础上进行了升级，配股额度大大超过往年，而且主要向核心员工倾斜，并设置了 3 年的锁定期。对于员工而言，个人所持股票可以分年兑现，而且出资仅占购股资金的 15%。

2008 年在金融“海啸”席卷全球的背景下，华为公司逆势增长。2008 年华为公司销售收入为 1252.17 亿元，在 2007 年基础上增长 33%。同时，为了将员工的人力资本与企业的未来发展更加紧密地联系，形成一个良性的循环体系，同时解决老员工坐享其成的问题（通过不断增资稀释权益）。华为公司在 2008 年正式推出饱和配股制。

这个阶段，华为公司既通过股权激励低股价、高分红、高激励的方式激励和锁定了人才，也通过内部融资的方式为公司发展有力地解决了发展资金的问题。

据业内人士估计，华为公司的内部股本在 2006 年时约有 20 亿股。按照上述规模预计，2008 年的配股规模在 16 亿～17 亿股。华为公司虚拟股制度实行之后，以内部融资的形式获得了大量的资金，从 2004～2014 年，华为公司员工以购买虚拟股的形式通过华为工会增资超过 260 亿元。另外，经过 10 年的连续增发，华为公司虚拟股的总规模已达到惊人的 98.61 亿股。

另外，华为公司不断优化配股机制，将配股与绩效、职位等级挂钩，进一步完善了价值分配机制。

在推出饱和配股制后，华为公司还专门组织高层讨论激励机制。华为公司强调“以奋斗者为本”，以及如何真正识别奋斗者。任正非提出，“我们这次提高了饱和配股的上限，其目的是，让优秀的奋斗者按他们的贡献获得更多的配股机会，这是一个大的战略，我非常担心这个战略落实不好。因为，有使命感，努力贡献的人，不一定是乖孩子，华为的文件过去许多是管乖孩子的。如果这些努力贡献者没有得到利益，这是我们的战略失败”。

在这个基础上要解决的是如何让激励政策覆盖真正的奋斗者。事实上，哪怕华为都认为识别奋斗者的手段是有限的。任正非坚决地提出“唯有按贡献，按当前绩效或战略贡献”“不服从分配就是麻雀了，就是小奋斗者。你还把他当鸿雁配股？这就是干部管理错误”。

所以，对于饱和线的研究，华为是非常谨慎和认真的。实施虚拟受限股这么多年，灵活性很强，而且饱和配股增加了员工的凝聚力，给员工的贡献提供超额的回报。但它的弊端也很明显，用胡厚崑的话说：“从客观上来讲，股票的高额回报有可能助长员工惰怠的思想。我们每年劳动绩效结果出来后，会根据大家的岗位贡献，根据你的绩效，给予大家饱和配股的额度，这个额度一旦获取之后，其实它未来的收益与我们每一个人未来长期的贡献没有那么强的相关性。更坦率地讲，一旦获得以后，有可能一劳永逸地吃大锅饭。”

第三阶段：TUP。

对于推行 TUP 的目的，2013 年华为公司以总裁办电子邮件 240 号文“正确的价值观和干部队伍引领华为公司走向长久成功”进行了阐述。此外，华为公司在历次的股权激励计划中，对于出资压力大的员工，为员工担保进行银行贷款，但该种方式在2014年被原银监会叫停，从而使得新员工购股出资压力增加，原有的机制受到很大冲击。这可能是华为公司推出TUP的其中一个原因。

为了进一步完善现有的长期分配制度，同时解决现有虚拟受限股的弊端，华为公司于2013年推出名为TUP的外籍员工持股计划，并于2014年在中国区全面推广，实现全球覆盖。

华为公司并未对TUP作出明晰的解释，但可以通过公开的报道资料来描绘TUP基本的轮廓：每年根据员工的岗位及级别、绩效，给员工配一定数量的期权，期权不需要员工花钱购买，5年为一个结算周期。

例如：2014年，华为公司给某员工配10,000股，当期股票价格为5元/股，当年没有分红权。2015年，此员工可以获取10,000×1/3分红权。2016年，此员工可以获取10,000×2/3分红权。2017年，此员工可以全额获取分红权。2018年，此员工可以全额获取分红权，同时进行股票值结算。如果当年为8元/股，则第五年该员工能获取的回报是：2018年分红+10,000×（8－5）。2018年年底，华为公司将这5000股进行清零。

随着TUP的开展，员工不再会有用现金购买股票的压力，对增值也会比较关心，因为第5年结算时会有收益，同时破除了饱和配股机制的弊端。

案例启示：

华为公司股权激励计划的调整主要与我国市场经济外部化环境以及法律法规的发展变化息息相关，当然也与华为公司自身的发展变化、人才梯队的建设有很大的关联性。所以我们认为股权激励计划不可能一成不变，无论是股权激励模式、股权激励对象，还是股权激励定价等都需要根据实际情况的变化作出合适的调整。适时动态调整才是有生命力的股权激励机制。

第 57 问：激励对象不愿意接受股权激励计划怎么办？

答：股权激励计划一定是双向奔赴，激励对象和公司都看好这项激励措施的。如果激励对象不愿接受股权激励计划，那么大概率是股权激励计划有问题。比如行权或解锁条件太苛刻，授予价格过高，退出机制不完善等，导致实现收益犹如海市蜃楼般可望而不可即；又或者激励内容对激励对象无吸引力，即使实施其获益达不到预期，比如公司股权价值未体现就匆匆开始实施股权激励计划；还有可能是激励对象对股权激励计划的理解有偏差，如股权激励计划沟通没到位，员工无法理解股权激励计划的价值。

无论哪种原因都可能导致激励对象不愿意接受股权激励计划。我们建议：(1) 股权激励计划的制订过程要有激励对象的参与，在计划制订的过程中，要多听听核心员工的意见，比如对于出资、定价、退出这些关乎员工核心利益的主要因素了解一下他们的意见，将他们的意见融入股权激励计划的方案，而不是公司创始人联合几位高管商量后直接制定和推进。(2) 股权激励计划开启的时机也很重要，如果公司自身商业模式没有稳定，盈利能力或盈利的预期不明，在这样的情形下，公司的股权价值就无法体现，这个时候匆匆忙忙实施股权激励，就会很容易让员工以为是老板“画饼”，股权激励无价值。(3) 股权激励计划方案制定完毕，开始实施之前应将方案的细节告知激励对象，对于激励对象不理解的地方需要安排及时沟通与解答，尽可能让激励对象与公司、创始人同频。当然，股权激励计划是公司与员工互相选择的制度，所以如果员工都不愿意接受公司股权激励计划，就相当于公司的股权激励计划失败了。

案例延展：大武百货的股权激励失败案例[①]

2008 年，大武百货冲刺上市未成功，开始布局内部股权激励的股改方案，方案的部分内容如下：1. 凡实行股改的下属单位，集团入股 10% ~ 40%；2. 根据与集团签订的年度责任书，各事业部按照入股比例分红，但年分红率不超过 36%，实行实质性股改的单位分红率上不封顶；3. 集团确保员工利益，若单位年分红不足 10%，则由集团公司保底分红 10%；4. 员工中途离职或特殊情况需要退股，则以实际入股时间，参照银行同期利率按照 4% 计息回购，同时不享受年终分红；5. 因家庭原因急需用钱，公司可以提供额度在股本金范围之内，期限不超过 6 个月的短期借款，借款利息按照年息 10% 核算；6. 下属单位多余的资金原则上入股上一级总公司，享受固定的分红模式，年分红率第一年为 15%，以后每年另行确定，以当年集团公司文件为准……以上方案是集团公司老总与几位高管商量后直接制定，并未与下属子公司核心员工沟通，结果方案公布后，没有任何员工响应，股权激励计划失败。

案例启示：

这个案例给我们的启示就是激励对象不愿意接受股权激励计划，作为股权激励方案的制定方一定存在某些问题。比如在这个案例中，虽然大武百货不是初创公司，但是在冲刺上市失败尚有负面影响的时期绝不是一个制定内部股权激励方案的良好时机，毕竟股权激励的本质在于未来，在于激励对象愿意相信公司未来的股价是蒸蒸日上的。另外，这个案例中的股权激励方案也没有和核心员工积极沟通，只是集团公司老总与少数高管商量拟定后就直接发布了，激励对象并没有参与感，更没有安全感。员工与企业、企业老板互不信任的情况下实施股权激励计划是不可能成功的。此外，在上述案例中

① 参见唐伟、牟红：《种下股权的苹果树：56 大股权场景实操》，机械工业出版社 2016 年版。

财务细节也有问题，员工出资入股，如果特殊情况退股，股价并没有和公司的价值挂钩，只是按照资金的财务成本计算利息，而且仅仅只有年利率4%，但是如果员工急需资金，在入股的资金范围内公司可以提供短期借款，利息却要年利率10%，这样的利率完全不对等，这种方案设计明显没有从员工的角度考虑问题。所以，公司制定股权激励方案应该从公司、员工、老股东之间的共同利益出发，不能仅仅考虑公司或老股东的利益，否则股权激励计划失败的概率就会加大。

第58问：股权激励计划与公司治理有何关系？

答：股权激励计划可以对公司治理产生积极的影响，是公司治理的助推器，公司治理的完善反哺股权激励计划，使股权激励计划可以开展得更顺利和有效。股权激励计划涉及公司、股东、员工多方主体，无论员工最终成为的是实际股东还是虚拟股东，都需要配套合规、科学、完善的公司治理机制，所以股权激励计划的推进可以反向倒逼公司治理机制的完善，尤其是针对还没有上市的有限公司，先通过内部的股权激励计划进行公司内部治理机制的合规自查对将来公司引进资本，规划进入资本市场也有非常重要的作用。另外，股权激励涉及公司内部的权力分配和管理。股权激励是企业为了吸引和激励员工，追求员工与企业最终形成利益共同体，以股权形式提供激励的一种管理制度。在公司治理中，股权的一项重要权能就是决策权，并且股东的利益以及公司的全面利益实际上都受到股权的制约和影响。首先，公司向员工提供股权激励，也是希望将员工的利益与股东的利益、公司的利益紧密联系在一起，使员工有更大的积极性去为公司创造财富、价值和利润，这无疑会对公司治理产生积极的影响，促进公司的发展。其次，股权激励也可以增强公司治理的透明度和问责性，使得公司的管理层更加重视公司的战略规划和经营绩效，为公司的长期发展提供支持和保障。股权激励计划，可以促进公司治理的规范化、科学化和标准化，为公司的发展带来更多的机遇和挑战。再次，股权激励计划的执行必须遵循公权力下放的原则，须经过董事会或股东会等相关决策机构的批准，并建立具有约束性的制度，确保所有有关人员遵守相关规定，这也是对公司治理机制完善的体现。最后，股权激励计划是一项动态、长期的激励措施，所以也应该建立相应的评估机制，对股权激励计划的实行、有效性和影响进行定期评估，然后优化方案，使得股权激励计划可以与公司的长期发展相适应，这也需要公司完善的决策、治理、监督机制配合，两者是相辅相成的关系。

案例延展：

上海 TA 公司是一家新材料科技公司，该公司已成立 4 年，2022 年有一家财务投资机构已经进入，公司估值为投后人民币 10,000 万元。TA 公司创始股东兼首席执行官陈总准备给 10 多位核心员工实施股权激励，于是委托了 JP 律师事务所提供股权激励法律服务。JP 律师在内部尽职调查阶段发现 TA 公司治理结构混乱，公司监事形同虚设，内部管理制度并不完善，尤其是董事会职能长期缺失，如果径直提供股权激励法律服务，股权激励计划在制订、审议阶段的合规性可能都无法保障，后续实施阶段也无法作出与劳动人事管理制度衔接的精细化股权激励考核规则。于是律师出具法律意见，协助 TA 公司先完善公司的治理结构和管理制度。陈总本人也意识到了这个问题，征求了投资机构代表的意见后同意了律师的法律意见。

案例启示：

这个案例很好地反映了股权激励与公司治理的关系，非上市公司在公司治理方面并不完善，股东会、董事会、监事、高管层各自的职能并不清晰甚至缺失的情形下不适合立即开始制订股权激励计划。没有科学、合规、完善的公司治理结构作为基础，股权激励计划很可能变成空中楼阁，无法取得成功。

第59～60问：股权激励计划实施的具体流程是什么？期权激励授予和行权程序是什么？

答：1. 实施股权激励计划的程序

（1）公司董事会或董事会委托机构负责制订股权激励方案。

（2）监事/监事会核查董事会选定的激励对象名单。

（3）股东会审议股权激励方案。

（4）股东会批准股权激励方案后即可实施。

（5）公司管理层根据股东会的授权办理具体的授予、行权、变更登记等事宜。

2. 期权激励授予和行权程序

（1）公司董事会委托外部律师根据期权激励方案制订相关法律文件。

（2）相关授予条件满足后，公司管理层协助激励对象进行相关权益的授予。

（3）激励对象签署期权激励协议书、激励对象承诺书、有限合伙协议等法律文件。

（4）激励对象在可行权期内，向公司提交股权期权行权申请书确认行权的数量和价格。

（5）公司管理层在对每个激励对象的行权申请进行核实和认定后，安排相关主体与期权持有人签订相应的法律文件。

（6）激励对象在公司规定的时间内交付相应的购股款项。

（7）由公司管理层（主要指股权激励工作小组成员）协助办理后续登记手续。

第 61 问：股权激励计划是否应该兼顾短期和长期考虑？

答：股权激励计划属于中长期激励计划，但是股权激励计划不能仅仅考虑长期，毕竟激励计划的对象是核心员工，应该将短期和长期综合考虑。

站在员工的角度，如果股权激励计划的周期过长，比如 5 年甚至 10 年，员工可能会觉得风险较大，且获利周期漫长。但是如果设置的周期过短，很可能无法引导员工坚持长期主义，站在股东的角度，从公司长远利益的视角从事经营管理工作。股权激励计划本质上是引导员工和公司形成利益共同体，应该平衡短期和长期，两个都要兼顾。

当设计股权激励计划时，可以从以下四个方面来兼顾短期和长期考虑：

（1）明确激励目标：在制订股权激励计划时，应该结合短期目标与长期目标，着重强调激励目标与战略目标之间的一致性，确保激励措施与公司长期发展相一致，同时要兼顾企业的中短期计划，有针对性地融入中短期激励目标。（2）灵活的激励模式：股权激励计划应该根据企业的商业模式、发展阶段、组织架构等具体情形设计多种激励模式，包括短期和长期的激励措施，比如虚拟股权与期权激励模式相结合，虚拟股权相对是中短期激励，引导员工关注企业当年的分红收益，而期权激励主要是针对长期，引导员工关注企业未来的股价。（3）激励措施的可行性：股权激励计划需要注意激励措施的可行性和合理性，避免给公司带来过多的财务负担和可能的困难。比如虚拟股权激励主要是引导员工对于每年公司分红的期待，会一定程度影响企业当年的现金流，又如期权激励或限制性股权激励，因为激励股权的定价对于员工会有优惠，会产生财务上的股份支付，影响财务报表上企业当年的净利润，这些在股权激励计划中都要综合考虑。（4）及时的激励结果反馈和调整机制：股权激励计划中规定及时的激励结果反馈和调整机制，对员工的个人和团队绩效进行监测和评价，并及时给予反馈和调整，这有助于员工保持积极性和工作动力，同时也有利于提高员工对公司的忠诚度，使得员工从短期目标的实现中获得安全感，进而可以向更长久的目标冲刺。

案例延展：

RT 公司创始股东愿意出让 20% 的股权对核心员工进行股权激励，该公司的股权激励计划分为两个阶段。第一个阶段，虚拟股权激励模式，该公司每年度末对激励对象进行考核，考核达标，员工获授一定数量的虚拟股权，次年可以按照虚拟股权获得一定的分红。第二个阶段，限制性股权激励模式，激励对象获授虚拟股权达到一定数量（一般通过 3 年的积累才能达到）且经过综合测评合格即可获得限制性股权激励的资格，即允许激励对象按照一定折扣出资获得公司的限制性股权，分 4 年成熟。激励对象在每一期成熟期满且当年考核通过后可以解锁部分限制性股权，4 年解锁完毕，获得完整的公司股权。这样的综合性股权激励计划的时限一般为 7 年。

案例启示：

这个案例就是股权激励计划平衡短期和长期考虑后设计的典型方案，第一阶段的虚拟股权激励既考虑了核心员工的短期利益，又平衡了创始人分权的压力。到第二阶段，经过了大概 3 年的考核和磨合，核心员工和创始人更加默契了，开始进入限制性股权激励阶段，通过 4 年的成熟，分期解锁，最终达成了 7 年的利益捆绑。并且创始人通过与核心员工进行实际股权合作，真正把核心员工发展成了股东，创始人与核心员工从利益共同体发展为了事业共同体。

第 62～63 问：离婚案件涉及期权激励的分割，一般会有哪几种情形？如何处理？

答：一般离婚案件涉及期权激励的分割，主要是指夫妻一方获得的公司内部的股权激励资格，在离婚时并没有完全转化为实际股权，然后夫妻离婚分割财产时形成争议。这通常涉及4种情形：（1）婚前授予的股票期权，离婚后行权；（2）婚前授予的股票期权，婚内行权；（3）婚姻存续期间授予的股票期权，婚姻存续期间行权；（4）婚姻存续期间授予的股票期权，离婚后行权。

关于第一种情形，夫妻一方在婚前取得的并不是实际的股权，而是一种可期待权利，又称股权的认购权，必须是员工在公司持续工作，并且完成既定目标才能出资行权转化为实际股权。那么在婚姻存续期间，夫妻一方的股票期权可以行权并获得相应财产权益，即使离婚后行权也应属于夫妻共同财产，予以分割。关于第二种情形，诚如前述，夫妻一方在婚前取得的并不是实际股权，而是一种认购股权的资格，后续在婚姻存续期间通过努力出资行权，转化为实际股权，进而享有股权下的财产收益，婚姻关系存续期间对应的部分也应属于夫妻共同财产。关于第三种情形，没有争议，属于夫妻共同财产。关于第四种情形，在婚姻关系存续期间取得被授予的期权，与其婚姻关系存续期间提供的劳动及表现、为公司服务的期限等相关，离婚后该部分期权在行权后产生的价值，应当认定为夫妻共同财产。

案例延展（一）：上海市浦东新区人民法院（2016）沪0115民初14217号判决书（节选）

被告持有的公司股票期权481股。股票期权，是指在未来一定时期可以买卖的权利，是买方向卖方支付一定数量的金额（权利金）后拥有的在未来一段时间内（美式期权）或未来某一特定日期（欧式期权）以事先规定好的价格（履约价格）向卖方购买或出售一定数量的特定标的物的权利，但不负有必须买进或卖出的义务。买方有执行的权利也有不执行的权利，完全可以灵活选择。而行权是指权证持有人要求发行人按照约定时间、价格和方式履行权证约定的义务。例如，你手中有100股甲股票的认购权证，行权日是8月1日，行权价格是5元，到8月1日这天，你就有资格用5元/股购买该股票100股，如果到了这天，该股的市场价是8元，别人买100股要花800元，而你这天则可以用500元买100股，假如当初你买入权证时每股权证0.5元，那么你一共花了550元。你买，这个行为就叫行权，但是如果到了这天，该股的市场价是4元，你不用5元/股的价格买，那么你手里的100股认购权证就是废纸。而本案中，被告未在行权日实际购买股票，即未行权，故原告主张的股票并不存在，原告要求分割，不予支持。

案例延展（二）：河北省迁西县人民法院（2018）冀0227民初617号判决书（节选）

被告侯某在与原告李某婚姻关系存续期间即2009年12月获得中国东方集团授予的购股权共130,000股，其性质为股票期权，属于夫妻共同财产。因股票期权具有人身性，由公司授予特定范围内的员工，对原告要求分割被告获得股权期权130,000股中78,000股的诉讼请求，人民法院不予支持。被告应按照取得股票期权的实际收益款，向原告支付相应价款。因股票期权具有不确定性，在2014年12月9日原、被告协议离婚时，被告尚未对该股票期权实际行权，股票期权的收益数额无法确定。原告以被告故意隐藏财产为由，要求按60%比例进行分割的主张，人民法院不予支持。综合考虑婚姻关系存续期间双方对股票期权及权益取得的贡献程度、股票期权收益获得的不确定性的风险承担等因素，人民法院确认原告可分得130,000股的股票期权收益款55,000元。

案例启示：

案例1中的股票期权属于期待权，并不是实际的股权，在获得时没有实质性的财产利益，如果最终期待权没有转为实际股权，则不存在共同财产分配的事实基础。所以，获得股票期权一方的配偶在离婚纠纷或离婚后财产纠纷中主张以共有财产分割股票期权时并不是当然可分，也可能具有无法分配的法律风险。

案例2中，婚姻关系存续期间，一方取得一定数量的股票期权，离婚时部分股票期权达到了行权条件的，但员工怠于行使，婚姻存续期间可行权的部分股票期权体现了夫妻共同协力，该部分股票期权属于夫妻共同财产。

第 64～65 问：股权激励方案在公司上市过程中的衔接因素有哪些？对公司上市前后股权激励方案的具体建议有哪些？

答：需考虑的衔接因素：

1. 股权激励模式。对于非上市公司，我国法律并没有强制性规定约束，通常设计方案比较灵活，我们给非上市公司的客户设计股权激励模式以期权、限制性股票、虚拟股权为主，有时候也有一些方案是“组合拳”，比如虚拟股权＋期权模式。但是上市公司的股权激励模式受到证券法律法规、上市公司股权激励管理办法等法律法规的制约。所以如果非上市公司未来几年面临上市，其实在上市前的股权激励方案中就要考虑衔接资本市场的问题，对股权激励的模式作出选择。因为有明确的资本规划，所以激励模式应该以实股为主，比如期权或限制性股票，但如果要带着股权激励方案上市，则必须是期权。2018 年以前，《首次公开发行股票并上市管理办法》（办法被《首次公开发行股票注册管理办法》废止）要求：股权清晰、股权稳定，不允许带期权上市。后来经历科创板带期权上市的试点，实际效果不错，风险也有一定控制，因此逐渐被其他 A 股上市板块接受。随着 2023 年 2 月 17 日《首次公开发行股票注册管理办法》的发布，A 股的全板块都开放了“带期权上市”的制度，且规定及要求基本一致。但是，限制性股权激励模式不行，如果上市公司选择限制性股权激励的模式，一旦进入申报期，之前的限制性股权激励方案就会终止。

2. 激励对象人数。我们在给客户设计股权激励方案的时候通常会遵循将利益分出去，控制权保留在创始人手上的原则，所以通常会搭建有限公司或有限合伙企业作为持股平台，让员工间接持股公司。这个时候如果员工人数比较多，我们可能会搭建多个持股平台来保证有限责任公司股东人数符合50人以内，股份有限公司发起人的人数不超过200人的法律规定。不过，申请新三板或IPO的股东有限公司股东人数并非完全不得超过200人，根据《非上市公众公司监管指引第4号——股东人数超过二百人的未上市股份有限公司申请行政许可有关问题的审核指引》，“对于股东人数已经超过二百人的未上市股份有限公司（以下简称二百人公司），符合本指引规定的，可申请公开发行并在证券交易所上市、在全国中小企业股份转让系统（以下简称全国股转系统）挂牌公开转让等行政许可”，也就是说，股东人数超过二百人的股份有限公司符合一定条件的，依旧可以申请新三板或IPO。

拟上市公司员工持股计划股东人数的计算原则目前按照如下规定：（1）依法以公司制企业、合伙制企业、资产管理计划等持股平台实施的员工持股计划，在计算公司股东人数时，员工人数不计算在内；（2）参与员工持股计划时为公司员工，离职后按照员工持股计划章程或者协议约定等仍持有员工持股计划权益的人员，可不视为外部人员；（3）新《证券法》施行之前（2020年3月1日之前）设立的员工持股计划，参与人包括少量外部人员的，可不做清理。在计算公司股东人数时，公司员工人数不计算在内，外部人员按实际人数穿透计算。因此，在激励计划中搭建的员工持股平台按照一名股东计算，过去的“闭环原则”可以不再适用。

3. 激励股权定价。对于非上市公司而言，股权激励的定价没有严格的限制，可以按照注册资本，可以按照审计报告的净资产，也可以按照市场估值予以一定的折扣。目前，A股的全板块都可以带上期权激励计划申请上市，那么一定要考虑激励股权的定价衔接，不能太随意，目前的规则是期权的行权价格由股东自行商定确定，但原则上不应低于最近一年经审计的净资产或评估值。

4. 激励股权是否须实缴出资。对于非上市公司而言，《公司法》允许公司注册资本认缴制，但是公司成立之日起5年内要缴足。所以，大部分公司成立的时候均是认缴出资，实施股权激励的时候，授予的员工股权可能是认缴，也可能是实缴，这些都关乎激励股权是否需要出资以及购股资金的支付对象。对于上市公司而言，根据《公司法》及公司上市规则的要求，拟上市公司的注册资本必须足额缴纳，所以企业在上市前后激励股权都是实缴出资。

关于上市前后股权激励方案衔接的建议：

1. 考虑资本市场定位。不同的资本市场对于股权激励的要求是不一样的，以往很多准上市公司都采取在上市前冲刺进行实股激励，就是担心上市前股权激励计划被终止或者影响公司的股权清晰度，影响公司上市计划。实股激励虽有很强的激励效果，但在约束性和灵活性上比不上期权和限制性股权。现在全板块放开了带期权激励上市，大大加强了公司在制订股权激励方案的灵活性。另外，如果在海外上市，上市前激励对象是无法在海外主体公司显名的，也就是限制性股票的股权激励模式对于在海外上市的公司无法在其上市前实施。

2. 方案合规与创新的平衡。上市前的股权激励方案通常偏向于商业层面的灵活性，激励与约束兼而有之；而上市后的股权激励方案由于受到《证券法》《上市公司股权激励管理办法》等法律法规的规制，所以合法、合规是第一位的。那么在上市前后的公司股权激励方案就要既考虑未来资本市场的合规衔接，又要考虑方案的灵活性、公平性和能动性。

3. 控制权与股权清晰。我们在给客户设计股权激励方案时都会宣贯公司控制权的重要性，在实施股权激励的时候一定会稀释创始股东的持股比例，所以我们通常会建议搭建持股平台安排激励对象间接持股，安排创始股东或创始股东控制的公司担任普通合伙人作为执行事务合伙人从而掌握持股平台的控制权，进而保障创始股东的控制权。监管部门也要求公司在申请新三板挂牌和首次公开发行股票之前的报告期内，实际控制人不得发生变更。因此，不管从保障创始人对公司控制权的角度，还是从为满足上市要求的合规角度，公司在实施股权激励时均应当注意公司控制权问题。另外就是股权清晰的问题，有些公司早期实施股权激励的时候，喜欢让创始股东代持激励对象的股权，但是在上市前设计股权激励方案时就要避免这种方式了，因为股权的清晰性是上市前审查的重点与原则问题，这个层面是不可能犯错的。

案例延展：证监会对上海永冠众诚新材料科技（集团）股份有限公司的反馈意见

反馈意见原文："请发行人补充披露上述合伙人最近五年的工作经历及在发行人处任职情况，合伙人出资的资金来源及合法性，合伙人与发行人股东及其实际控制人是否存在关联关系；上述合伙企业的合伙类型、合伙期限、合伙人名称或姓名（区分普通合伙人和有限合伙人）；上述合伙人是否存在离职情形，离职时相关股份的处理情况；上述协议是否导致发行人股份处于不确定状态，是否符合《首发管理办法》关于股权清晰、稳定的要求，是否构成本次发行上市的实质性障碍。请保荐机构、发行人律师进行核查，并发表明确意见。"

案例启示：

从证监会对上海永冠众诚新材料科技（集团）股份有限公司在上市过程中的股权激励计划的反馈意见中可以看出证监会对于股权激励计划是否影响发行人股权结构稳定性特别看重，包括但不限于：是否存在正在执行的股权激励计划，以及股权激励计划是否会影响股权结构稳定性问题，是否符合《首发管理办法》关于股权清晰、稳定的要求，是否构成本次发行上市的实质性障碍。在这方面，拟上市公司必须充分注意并且重视控制此类法律风险。

第66～67问：什么是"带期权上市"？"带期权上市"的相关规则是什么？

答："带期权上市"，意为发行人在首发申报前制订计划，并在上市后实施的一种股权激励方式。随着科创板和创业板有关规则的出现，目前 A 股市场也放开了“带期权上市”的限制。“带期权上市”是一种低成本但高效的股权激励方式，基于明确有效期内对接资本市场的预期，未来员工所持期权的变现能力与增值空间较大。

“带期权上市”在国内的实践最早出现在科创板，这是由于科创板主要面向的是高新技术和战略性新兴产业企业，是智力密集型企业，对尖端人才的稳定性具有很强的需求。目前，A 股的全板块都开放了“带期权上市”的制度，且规定及要求基本一致。根据《〈首次公开发行股票注册管理办法〉第十二条、第十三条、第三十一条、第四十四条、第四十五条和〈公开发行证券的公司信息披露内容与格式准则第57 号——招股说明书〉第七条有关规定的适用意见——证券期货法律适用意见第17 号》等文件对带期权上市的规定介绍一下相关规则：

1. 严格划定股权激励对象的范围

科创板/创业板：激励对象可以包括上市公司的董事、高管、核心技术人员或者核心业务人员以及公司认为应当激励的对公司经营业绩和未来发展有直接影响的其他员工。单独或合计持有上市公司 5% 以上股份的股东、上市公司实际控制人及其配偶、父母、子女以及上市公司外籍员工，在上市公司担任董事、高管、核心技术人员或者核心业务人员的，可以成为激励对象。上市公司应当充分说明前述人员成为激励对象的必要性、合理性。

监事、独立董事不能成为股权激励对象。

主板：外籍员工任职上市公司董事、高管、核心技术人员或者核心业务人员的，可以成为激励对象。

单独或合计持有上市公司 5% 以上股份的股东或实际控制人及其配偶、父母、子女，不得成为激励对象。监事、独立董事也是不被允许成为股权激励对象的。

2. 制订股权激励计划时，要保持实际控制人稳定

制订股权激励计划时，应充分考虑实际控制人稳定，合理地设置股权激励的数量，避免上市后行权导致实际控制人发生变化。

通常来讲，上市公司需要有明确的实际控制人保证股权结构的稳定清晰，但期权计划这种“股权可能会转移”的制度可能会影响实际控制人的持股比例。

其实只要计算出期权全部行权后的实际控制人持股的比例，确认实际控制人不会因行权发生的股权转让而变更，便不会在这一条限制上受到挑战。

举例来说，公司上市前的期权计划里有10%的股权，但这10%需要从控制人处实际转让出去。那么就需要保证这10%的股权转让后，公司实际控制人不会发生变化。

3. 在审期间，公司和员工都不能进行权益变动

在审期间，公司不能新增期权激励计划，激励对象不得行权，即在审期间是个“封闭期”，公司和员工什么都不能干。也就是说，公司只能在上市前就制订好期权激励计划，或者在上市后制订新的期权激励计划；员工只能在上市前就行权完毕，或者在上市后再进行行权。

4. 不同的人员和情况，适用不同的股份锁定期

激励对象在公司上市后行权股票的，应承诺自行权之日起36个月内不减持，同时承诺上述期限届满后比照董事、监事及高管的相关减持规定执行。

5. 期权激励计划的占股比例，不得超过总股本的15%

公司用于期权激励计划的全部股权占比，不能超过总股本的15%，并且不得设置预留权益。

6. 期权激励计划的内容，要参考有关规定对上市公司的要求

《证券期货法律适用意见第17号文件》规定，行权价格可以由股东协商确定，但原则上不能低于最近一年的净资产或评估值。期权计划的必备内容、基本要求、激励工具的定义、行权安排、实施程序等内容，也要参考《上市公司股权激励管理办法》的相关规定。

在以往的实践中，因为上市前期权计划全部终止或施行完毕，非上市公司在设计期权激励计划时，并不会考量证监会或者证券交易所对上市公司期权激励计划的监管要求。但目前法律法规允许带期权上市的股权激励计划，所以要格外关注法律文件的要求。

案例延展：

在深圳市美之高科技股份有限公司上市过程中，证券监管部门的反馈意见（节选）："根据招股说明书，发行人员工持股平台曾存在委托持股情形。（1）请保荐机构、发行人律师核查作为间接股东的发行人员工进入发行人工作的时间、任职情况、身份背景及近5年工作经历情况，是否存在委托持股、信托持股或一致行动关系等情况。（2）请补充说明上述股权代持的清理过程是否真实、合法、有效，代持股东与被代持股东是否存在纠纷或争议，相关股权是否存在纠纷或潜在纠纷，是否符合《首发管理办法》第十三条的规定。（3）请保荐机构、发行人律师对上述事项进行核查，并发表明确意见。"

案例启示：

这个案例说明证券监管部门主要关注员工持股平台的合法性以及发行人公司的股权结构稳定性。证监会对于员工持股平台的以下8个方面往往会予以特别关注：（1）员工持股平台的股权结构、出资资金来源，股东/合伙人的身份、选定依据、工作履历、入职时间和职务、所任职务及其缴纳出资额之间的关系及合理性；（2）是否与发行人及其控股股东、实际控制人、董事、监事、高管、发行人客户或供应商之间存在关联关系；（3）员工持股平台的股东/合伙人变动情况及原因；（4）员工持股平台是否存在纠纷或潜在纠纷；（5）员工持股平台中是否存在委托持股、信托持股或其他利益安排；（6）董事、监事、高管通过员工持股平台间接持有发行人股份的股份锁定和减持承诺；（7）是否存在故意利用持股平台规避股东超过200人的情形；（8）是否存在同一员工在一个以上持股平台同时持股的情况。如果存在以上情况都需要说明其原因和合理性。以上8个方面，拟上市公司都需要充分关注。

第68问："带期权上市"的公司，监管重点关注的要点有哪些？

答：（1）激励对象要符合相关上市板块的规定。例如，在科创板上市的要符合《上海证券交易所科创板股票上市规则（2023年8月修订）》第10.4条的规定，在创业板上市的要符合《深圳证券交易所创业板股票上市规则（2023年8月修订）》第8.4.2条的规定，在主板上市的要符合《上市公司股权激励管理办法（2018修正）》第8条的规定，在新三板、北交所上市的要符合《非上市公众公司监管指引第6号——股权激励和员工持股计划的监管要求（试行）》等对于激励对象的规定。

（2）激励计划内容应参考《上市公司股权激励管理办法》的相关规定执行。

（3）期权行权价原则上不低于最近一年经审计的净资产或评估值。

（4）全部在有效期内的期权激励计划所对应的股票数量占上市前总股本的比例原则上不得超过15%，且不得设置预留权益。

（5）在审期间，发行人不应新增股权激励计划，相关激励对象不得行权。

（6）制订激励计划要避免上市后行权导致实际控制人发生变化。

（7）激励对象在企业上市后行权认购的股票应承诺自行权日起三年内不减持，同时承诺上述期限届满后比照董事、监事及高管的相关减持规定执行。

案例延展：

沪硅产业带期权上市方案：（1）激励对象267人，包括核心管理、业务及技术人员；（2）行权价格，最近一次融资价格，且不低于国有资产管理部门备案的评估价格；（3）总量，占总股本的5.87%；（4）行权安排，在审期间不得行权，上市后分三年行权，每年可行权1/3；（5）业绩考核，芯片销售量，公司净利润及营业收入；（6）减持，行权之日起三年内不得减持，届满后比照董事、监事、高管减持规定执行。

案例启示：

相较于非上市公司灵活多样的股权激励方案，带期权上市的股权激励方案受到的约束性要大很多。比如激励对象不能是独立董事、监事；行权价格可以自行协商，但原则上不低于最近一年经审计的净资产或评估值；股权激励的总量不得超过总股本的15%；激励对象于在审期间不得行权，保持股权的稳定性和清晰性；激励对象减持股票也是有明确的规定，行权之日起三年内不得减持。

第69～70问：股权顶层设计与股权激励的关系是什么？创业初期是否要考虑预留股权用于未来的股权激励？

答：股权顶层设计主要是指公司组织的顶层架构设计。包括一个组织内部的股东类别（自然人股东、法人股东、其他组织类型股东）、股权比例、股权转让、公司治理、控制权设计等问题，也包括多层组织之间的控股关系、股权比例等方面的问题。公司股权顶层设计的合理性和灵活性，对公司的商业模式、可持续发展和资本市场的融资都有非常重要的影响。股权激励则是指通过一定的流程授予激励对象一定数量的股权或股权性财产权益，从而激励员工站在企业所有者的角度思考问题，参与企业的经营决策，分享企业的成长收益，并共同承担企业经营风险的一种制度。股权激励是一种长期的激励机制，能够让员工与公司利益的联系更紧密，更好地为公司的发展贡献自己的力量。因此，股权顶层设计和股权激励是相互促进、相互支持的关系。公司的股权顶层设计要考虑到股权激励的需要，为股权激励提供合理的股权结构和激励方式；而股权激励也需要考虑到公司的股权顶层设计，遵循公司的股权结构和股权转让规则，保证股权激励的有效性和合法性。

关于是否需要预留股权，要看企业的商业模式和核心资源究竟是什么。如果是人力驱动型的公司，我们建议需要预留一些股权用于未来招募核心技术骨干或核心管理人才，在人力资本时代，只靠高工资长期留住人才还是很难的，对于企业来说压力也很大。因为有限责任公司直接在市场监管部门登记时预留股权存在法律障碍，所以一般是通过股权代持的方式解决，通常有三种代持形式，第一种是全体在册股东共同代持；第二种是由其中一位股东代持；第三种是另行设立一个有限合伙企业持股平台持有预留股权，具体在股东合作协议里明确该部分预留内容，未来条件成熟转让股权即可。

案例延展（一）：

GH 公司发展非常迅猛，涉足多个商业领域，该公司迅速发展的背后是员工们的辛苦付出。为了激励和留住核心人才，创始人与公司的核心中高层都签订了股权激励协议书，约定了期权激励模式。GH 公司在设计股权顶层架构的时候就预留了 20% 的激励股权，由创始人代持。所以签订股权激励协议书的时候就约定搭建持股平台，成立有限合伙企业，然后创始人将代持的预留股权转让给持股平台。持股平台中创始人和联合创始人帮激励对象代持财产份额，等到激励对象的期权成熟，可以出资行权时再将有限合伙企业的财产份额转让给这些激励对象。还有一种预留股权的方式就是所有股东在股东协议或公司章程中明确，未来股权激励允许核心员工或员工持股平台以定向增资的形式进入，所有老股东的股权同比例稀释。

案例启示（一）：

这个案例就是典型的股权顶层设计中嵌套了股权激励的考量，公司在设计顶层股权架构的时候预留了部分股权，留存给未来。待时机成熟，需要对核心员工进行股权激励的时候，原股东之间不需要再沟通如何稀释或转让股权，直接从预留部分给予激励对象即可，高效且清晰。

案例延展（二）：

海康威视是安防行业的国有龙头企业，作为国有控股上市公司的改革标杆，自 2012 年 4 月 ~2018 年 8 月，每 2 年连续 4 次公告宣布实施限制性股票激励计划，通过定向向激励对象发行新股的方式授予限制性股票，激励计划有效期均是 10 年，股票锁定期为授予日后的 24 个月，共分 3 期解锁。2021 年又实施了第五次限制性股票激励计划。海康威视 2018 年第三个解锁期解锁条件未成就，激励对象第三个解锁期对应的已授予但尚未解锁的限制性股票无法解除限售，均由公司回购注销，但海康威视 2018 年第二个解锁期及以前的所有股票均成功解锁。

案例启示（二）：

从海康威视的股权激励方案中我们可以发现，它的有效期为 10 年，这是上市公司股权激励计划有效期的最长时限，远高于同行业其他企业。设定这么长的有效期要考虑到海康威视所在的行业是安防行业，这个行业虽然前景广阔，但在我国存在产品同质化和缺乏高技术含量产品问题，这就使安防公司中的技术研发人员成为提高公司竞争力的关键因素，而研发创新又具有投资高、周期长的特点。因此，海康威视设定 10 年有效期，一方面，是考虑到了研发周期长，10 年有效期与完成研发目标所需的时间较长一致；另一方面，研发创新投资金额又高，10 年有效期是希望避免激励对象发生短期行为，长期留住核心人才。诚然，设定的有效期越长，对员工的约束力也越强，但是，过长的有效期也会打击员工的积极性，其他国有控股上市公司应结合自身情况，合理设定有效期，如超过 5 年期限，则需要再三斟酌。另外，国有公司在设置股权激励计划时应更加注意从合规方面考虑，遵循更严格的程序确保国有资产的保值增值，需要在符合国家调控政策的前提下激励员工积极性。

第71~72问：股权激励计划的有效期指什么，需要考虑哪些因素？

答：股权激励计划的有效期，是指从股权激励方案生效到最后一批激励股票的股份行权或解锁完毕的整个期间。

股权激励计划的有效期需要考虑以下因素：（1）法律的强制性规定。我国《上市公司股权激励管理办法》规定股权激励计划的有效期从首次授予权益日起不得超过10年。对于非上市公司股权激励计划的有效期，法律没有强制性规定，因此可以根据企业的实际情况确定。（2）股权激励计划的有效期应当考虑企业的中长期战略目标，应当与该目标完成所需的时间相一致。如果股权激励计划完成，企业的战略目标未实现，会影响激励对象对企业未来的信心，也会影响退出机制。（3）激励对象劳动合同的有效期。股权激励计划虽然与劳动合同并没有直接的关系，但是因为激励对象是公司的员工，长期在公司工作属于股权激励计划的基础，所以如果劳动合同到期，也会影响股权激励计划。（4）股权激励计划的有效期也会因企业的性质不同而长短有所区别。国有公司与民营企业对于股权激励的顶层目标有所不同，设置股权激励的有效期周期也会不同。国有企业设置股权激励计划有效期时考虑因素会更多，通常周期会比民营企业长。

第73~75问：股权激励计划中的授予期、锁定期/等待期指什么？行权期是什么意思？解锁期、禁售期具体又指什么？

答：股权激励的授予期是指公司向激励对象授予股票期权/限制性股票/实际股权的时间段，一般是在股权激励计划开始时确定的。锁定期/等待期是指激励对象获得股票期权/限制性股票/实际股权后需要等待的一段时间，在此期间内员工不得转让或出售这些股票。

行权期是指激励对象可以出资购买股票期权或实际股权的时间段，在行权期内，员工可以以事先约定的价格购买公司的股票。

解锁期和禁售期是股权激励计划中的两个重要概念。解锁期是指股权激励计划中规定的股票期权或限制性股票可以允许激励对象出资行权或获得完整股权解除限制的时间段。而禁售期则是指股权激励计划中规定的一段时间内，限制性股票/股票期权/实际股权不能被出售或转让。设置禁售期的目的是防止股东在短期内抛售股票，从而导致公司股价短期内大幅下跌。禁售期通常是在解锁期之后规定的一段时间，具体的禁售期长短视公司制订的股权激励计划而定，如果是上市公司，还需要受到上市公司相关法律法规的约束。

第76~77问：什么是对赌式股权激励？这种股权激励的特点是什么？

答：除了我们前面讲的期权、限制性股权、虚拟股权之外，近几年在企业员工股权激励模式中逐渐兴起了一种内部创业模式，即对赌式股权激励模式。这个模式的大概流程为：某员工向公司提起一项业务，并自发招募项目团队成员（公司员工），创新方案拟好后，向公司全体员工路演宣讲，募集支持，认同该创新项目的员工出资入伙。项目成功后，项目组织者和参股员工，除享受项目的收益外，还可以得到公司额外的奖励。

对赌原来指财务投资方和融资方对于未来不确定情况的一种企业估值模型调整方法。现在转换空间和对象之后，变成企业、企业家与核心员工之间的约定。

当内部创新项目达成对赌目标后，会按预定比例分享到对赌价值，并可在项目内部自主分配，自主用人。若无法达成预定效益则计入亏损，待下期弥补，或直接取消该创新项目。如果创新项目达到一定的盈利能力，还可以单独裂变为子公司，接受公司、项目发起人、项目内部核心员工的出资，真正拥有股权。这种内部创业型，对赌股权激励模式的特点主要有以下两点：

1. 资源对赌，动态配置

不管是早期的创新项目，还是未来有机会成立子公司，项目发起人或者项目获得的资源空间与组织对赌并创造价值的大小联动，资源不是静态配置，而是动态匹配的，随着创新项目的成熟度、盈利能力，组织给予的资源是在变化的。

2. 自挣自花，提高积极性

由于核心员工作为项目发起人在自己组织的项目中享有经营及分配的自主权，项目成员的薪酬也是按照价值贡献原则自主确定，薪酬的高低与个人承诺的单位及个人创造的价值挂钩，而不是固化的、一成不变的，这又进一步激发了核心员工的自主能动性。

案例延展：完美世界

完美世界（北京）网络技术有限公司（以下简称完美世界）是一家网络游戏研发、运营、销售和服务公司，2004 年成立。2007 年，该公司游戏板块在纳斯达克上市，2014 年年底在 A 股“借壳”上市。

该公司曾经的内部创业模型，就是典型的对赌式股权激励。

员工形态：完美世界母公司和员工建立劳动关系，按照合同约定支付行业薪资、奖金和项目提成等，员工可自行向公司申请项目立项。

工作室形态：项目进入成长期，团队具备研发成功产品的经验、创新能力和管理体系，完美世界母公司将以独立工作室的形式，对项目进行持续的独立核算，并给予项目团队 30% 的分红。

独立公司形态：项目进入成熟期，连续研发成功产品，原来的工作室升级为独立项目公司，由完美世界母公司相对控股，剩余的股权分配给项目团队。

资本运作形态：如项目发展状况极佳（比如，成功开发了 4 款以上产品、项目公司的年度利润超过 2 亿元），完美世界母公司转型为纯粹的财务投资人持有少量股份，由项目团队进行相对控股（甚至绝对控股）。

案例启示：

完美世界的内部孵化对赌式股权激励的模式，实现了企业发展和员工发挥创造力的双向价值。从企业角度看，持续增加的成功孵化案例能不断吸引更多优秀人才，与集团本身形成有机的产业协同；同时诞生于企业自身的内部孵化，降低了团队整体的信任壁垒，而且创业团队成长为独立公司后，还能够通过母子公司的隔离有效控制法律风险。从员工角度看，在创业早期就能够获得集团公司，也就是平台的内部支持，启动项目的成本较低，另外孵化成功后，如果创业团队打算变现退出，也可以由集团公司来收购，节省了寻找资本的时间，也降低了被低价收购的风险。

第78~79问：如果股权激励失败了，会面临怎样的纠纷？通过司法实践，我们可以从中找出哪些应对策略？

答：一般情况下，股权激励的失败通常会导致以下四种纠纷类型——股权回购纠纷、公司盈余分配纠纷、竞业限制索赔纠纷、股东资格确认纠纷：

（一）股权回购纠纷

股权回购纠纷主要是关于股权激励的退出机制问题，是老板们最担心和头疼的“分了钱，走了人，还丢了权的”问题。这种纠纷主要表现为：公司通过股权激励分期授予激励对象期权或限制性股权，等到股权成熟后，激励对象出资行权/解锁相应股权后，就变成了公司的实名股东或通过成为有限合伙企业有限合伙人间接持有公司股权。如果核心员工成为股东后，与大股东或公司之间因各种原因产生隔阂，持有公司股权的员工从公司离职，但对股权退出没有协商成功，就极有可能引发股权回购纠纷。

（二）公司盈余分配纠纷

公司盈余分配纠纷指的是分红出现矛盾，分还是不分或者分多少，股东之间达不成一致意见。这类纠纷主要表现为：激励对象成为公司实际股东后，公司并未完全按照实际缴纳的注册资本分配相应的红利，或者大股东认为公司的利润应当留存部分或者大部分，而各方股东未达成分配盈余的完全合意。虽然法律规定经出席股东会会议的股东所持表决权过半数以上可以通过决议不分配公司红利，但如果作为激励对象的小股东不满意这种分配极有可能就会发生此类纠纷。

（三）竞业限制索赔纠纷

所谓竞业限制索赔纠纷，就是激励对象离职后违反了竞业限制义务，公司要求激励对象把股权激励的获益返还，有的时候还会要求违约赔偿。这类纠纷在实践中发生的频率比较高。我们常说股权激励是激励与约束并存，约束除了业绩考核，最重要的就是对激励对象的竞业限制。老板们实施股权激励是想留住人才，但是万一留不住人才，人才获得部分激励收益，基于这么多年给企业做贡献，多数胸襟开阔的老板会同意。但是恐怕没有一个老板愿意看到走了的核心人才与老东家唱对台戏，所以大多数股权激励法律文件中都会约定激励对象的竞业限制义务。然而，越是在某一领域能力突出的专业人才择业道路越窄，越容易触发竞业限制索赔条款，因为能力越强，激励对象的资源圈、人脉圈重合度越高。当年轰轰烈烈的富安娜股权激励纠纷是典型的竞业限制索赔纠纷，10 多位高管套现限制性股票后跳槽水星家纺，富安娜诉至法院，经过一审、二审、再审，最后法院判罚激励对象合计支付 8000 多万元违约金。

（四）股东资格确认纠纷

股东资格确认纠纷主要是股东与股东之间或者股东与公司之间就股东资格是否存在，或者具体的股权份额等发生争议而引发的纠纷。具体到股权激励的场景，就是激励对象与公司、公司实际控制人对激励对象的股东资格或股权份额等产生了争议引发的纠纷。这类纠纷也比较常见，主要表现为激励对象是否完成股权激励计划规定的业绩考核目标，是否可以行权或解锁从而获得完整激励股权，是否存在大股东或实际控制人股权代持的情形，以及如果发生激励对象离职、换岗、退休等退出情形时其是否可以保留股东资格等问题。

以上是股权激励失败后比较常见的四种纠纷。而一般情况下，我们处理这类纠纷最基本的一个原则是有约定从约定，没有约定要区分情形处理。就上述归纳的四大纠纷，我们提出以下四点策略，供大家参考：

（一）关于股权回购纠纷的应对策略

有约定从约定，没有约定要尽可能协商处理，公司应转换思维收回股权。有约定从约定是指，如果公司在股权激励法律文件或公司章程中对激励股权退出机制约定明确，那么法院通常会认可这种约定。基于有限责任公司封闭性和人合性的特点，公司章程或股权激励法律文件对公司股东转让股权作出某些限制性规定，是公司自治的体现。在股权激励实施过程中，相关法律文件将是否与公司具有劳动合同关系作为激励对象持续获得股东身份的依据继而作出“人走股留”的规定，符合有限责任公司封闭性和人合性的特点，不违反《公司法》的禁止性规定。但是如果各方没有作出明确约定，公司或实际控制人就可能面临收回还是不收回激励股权，如何收回的问题了。在西少爷股东股权回购纠纷中，宋某走的时候要价 1000 万元（当时财务投资人对西少爷的估值是 400 万元）才肯转让自己持有的公司 30% 的股权，而当时的公司实际控制人孟某曾是打算以“27 万元 + 保留 2 个点”的条件回购股权，两者之间的想法相差甚远，最后宋某通过法院诉讼解决纠纷，虽然调解结案，我们看不到具体数字，但可以猜测孟某收回股权一定花了不小的代价。再看看滴滴的故事，当年的滴滴一穷二白，拿不出钱引进人才，于是咬牙拿出 30% 的股权引进了第一任首席技术官（CTO）。可是这位 CTO 能力有限，无法满足公司业务发展需求，于是公司创始人程某及时回购了对方手里的股权，代价是 240 万元人民币。而当时滴滴账面上只有 100 万美元——相当于掏出公司账面 1/3 的钱用来回购股权了。举这两个例子不是建议创始人要出大价钱回购股权，而是建议遇到没有约定的情形必须冷静分析，最好以谈判与协商的方式解决。毕竟对于激励对象而言掏钱买了公司股权，现在离职还留着股权心里也是不踏实的，要换位思考，晓之以理，动之以情，攻心为上。创始人可以派出与激励对象关系较好的中间人去沟通，告知继续持有股权的风险与弊端，比如，公司自身不可避免的市场风险，即使留着股权也可能没有收益，甚至本身的股权都会跌价；知情权得不到完全保障，不可能时时刻刻诉至法院，天天查账；如果激励对象间接持股，在对公司的治理架构和规划资本路线没有很大影响的情形下，也可以协商让激励对象继续持有一段时间的公司股权，这样既可以缓解矛盾，又可以一定程度解决竞业限制的问题，毕竟走了的高管如果还拿着老东家的股权，有一笔可期待的利益在公司，正常也不可能作出损害公司利益的事情。

（二）关于公司盈余分配纠纷的应对策略

股东分红属于公司自治事项，司法不轻易介入，这类纠纷相对好处理，如果公司没有作出盈余分配的股东会决议或者规定，即使公司有利润，激励对象作为小股东也是没有权利请求公司分配红利的。所以遇到这种情形，作为大股东要做好激励对象的思想工作，告知相关法律规定以及不分红的合理理由，并说服小股东眼光要长远，共同进退。如果公司股东会已经作出当年公司盈余分配的决议，公司就没有道理拒绝支付激励对象分红收益了。如果由于激励对象当年的业绩不达标等其他原因，那也只会影响激励对象当年激励股权的行权/解锁的份额，而不会影响已经出资并登记的实股项下的分红权益。无论如何公司实施股权激励的终极目标是希望将核心员工与公司绑定，所以企业务必要做到言而有信，切不可伤害了员工对企业的感情与信任。

（三）关于竞业限制索赔纠纷的应对策略

关于竞业限制的索赔纠纷司法实务中争议最大，我们前段时间刚代理了一家上市公司起诉子公司的高管关于股权激励竞业限制索赔的案件。大概案情是高管在任职期间被授予母公司（上市公司）的限制性股票并陆续解锁获益，但其离职后违反竞业限制义务，故上市公司按照股权激励的约定，起诉请求激励对象将限制性股票解锁后获得的收益以及等额的违约金赔偿给上市公司，此案一审获得胜诉。不过，我们也检索到一些案例，法院的观点是这类纠纷属于劳动争议不按照普通民商事合同纠纷处理。比如，绍兴市中级人民法院认为股权激励本质上是用人单位的一项管理行为、报酬分配行为，是附着于劳动关系而产生的，故股权激励纠纷属于劳动争议。[（2015）浙绍民终字第986号]

深圳市中级人民法院认为可以根据当事人之间合同的具体约定、案件争议的事实，对个案具体分析判断。对于员工与用人单位之间因绩效考核、劳动关系解除和竞业禁止等引发的股权激励纠纷，因审理焦点系查明用人单位对股权激励对象行使用工管理权或限制劳动权利等是否符合劳动法律法规，故按照劳动争议程序，适用劳动法律法规裁判更符合实际。而对于员工与用人单位之间仅仅是实施奖励、基于单一承诺或者并未附加涉及限制劳动者劳动法意义上基本权利的股权激励计划，按照平等主体之间民事合同处理则程序上更加简便。[（2018）粤 03 民终 21922 号]

由于《劳动合同法》倾向于保护弱势群体——劳动者，所以如果法院认为股权激励竞业限制纠纷属于劳动争议，那么对公司而言是非常不利的。

我们的建议是如果激励对象离职，应当及时进行相应的激励股权结算。大部分情况下激励对象的股权应当被回购，如果是获益回购或者激励对象获取的是上市公司的股票，且已经可以解锁出售套现。那么公司应当在离职时与激励对象再次重申与确认竞业限制义务，最好是明确股权激励获益的具体数额，以及基于股权激励的获益故而要遵守竞业限制义务，尽量与离职劳动合同关系区分开来。如果这样做以后，激励对象还是违反了竞业限制义务，那么必须维护公司的股权激励制度，应当起诉还是要起诉，以防公司的整套股权激励制度与方案受到影响，毕竟股权激励针对的不是一个人，而是一群人。

（四）关于股东资格确认纠纷的应对策略

首先，我们建议在股权激励计划中明确激励模式究竟是限制性股权、股票期权、虚拟股权还是其他模式，应当与激励对象解释清楚。通常虚拟股权不涉及股东资格，法律文件的条款应当明确，各方预期一致发生纠纷的概率就会大大降低。其次，关于股权激励计划的方案、协议书等法律文件的内容应当严谨、合规，对于激励对象是否可以获得实际股东资格以及获得的条件、份额等条款约定清楚，发生纠纷的概率也会大大降低。最后，对于股权激励计划需要动态管理，如果激励对象出现换岗、离职、退休或者公司出现分立、被并购等情形触发股权激励计划的调整机制，对于是否保留股东资格、激励股权份额是否受到影响都要实时作出动态处理，这样也会减少矛盾和纠纷。

案例延展（一）：杨某与上海丽人丽妆化妆品股份有限公司等缔约过失责任纠纷［（2022）京03民终14835号］

上海丽人丽妆化妆品股份有限公司（以下简称丽人丽妆公司）是易康丽公司的唯一股东，黄某是丽人丽妆公司、易康丽公司的法定代表人。2015年10月22日，杨某收到聘用通知，其上记载："我们非常高兴地通知您，上海易康丽广告有限公司已决定聘用您，相关聘用信息如下：职位：总经理，职级：M5，汇报人：CEO，开始工作日：2015年10月26日周一，工作地点：上海徐汇，月工资（税前）44600元/月，**股权：享受公司期权分配额度价值100万美元**，具体份额另见相关文件，待正式加入公司后签订相关文件……如果您同意上述所列条款，请在聘用通知书回执上签字并返还至人力资源部以作备案。本聘用信一经双方签字即构成相互承诺，双方均应信守，任何一方违反上述承诺，均应向对方支付一个月工资作为赔偿……"2015年10月26日，杨某与易康丽公司签订劳动合同，约定劳动期限自2015年10月26日至2018年10月25日，杨某按照易康丽公司经营管理工作需要在总经理岗位工作等。后双方续签合同至2021年10月25日。杨某主张于2019年6月25日因易康丽公司未足额支付劳动报酬提交辞职信，嗣后，因离职索赔争议，尤其是期权部分的争议诉至法院。

一审法院认为：聘用通知是易康丽公司向杨某发出的通知，告知杨某岗位、月薪等情况，杨某认为聘用通知中"股权：享受公司期权分配额度价值100万美元，具体份额另见相关文件，待正式加入公司后签订相关文件"是给予股权，该股权可以是工商登记的股权也可以是上市之后的股票，并主张其系针对股权激励协议中黄某、丽人丽妆公司、易康丽公司存在缔约过失责任。股权是公司的股份及相应权益，期权是上市公司授予激励对象在未来一定期限内以预先确定的条件购买本公司一定数量股份的权利。无论是股权还是期权，双方均称实际中并未就100万美元股权激励订立相关协议。缔约过失责任中的先合同义务指的是依诚信原则产生的协力、通知、照顾、保护、忠实等附随义务。杨某无证据证明易康丽公司或者丽人丽妆公司与杨某就100万美元股权激励事宜订立协议，亦无证据证明在订立协议的过程中丽人丽妆公司或者易康丽公司存在违反上述先合同义务的情形以及因违反先合同义务给杨某造成损失。因此，杨某以缔约过失责任为由要求丽人丽妆公司、易康丽公司承担赔偿责任没有依据，一审法院不予支持。

二审法院认为：缔约过失责任，是指当事人在订立合同过程中存在违背诚实信用原则的行为并给对方造成损失而应当承担的赔偿责任。具体来讲，就是指在合同不成立、被确认无效或者被撤销时，一方当事人存在过错；另一方当事人因此遭受损失的，存在过错的一方当事人应当承担赔偿另一方当事人损失的责任。根据查明的事实，杨某入职后并未就聘用通知载明的股权另行签订相关文件，而劳动合同中并未约定股权相关事宜，易康丽公司亦未实施过股权激励计划。因此，应当认定劳动合同对聘用通知的内容进行了变更，在劳动合同已经成立并生效的情况下，易康丽公司不存在缔约过失责任。

案例启示（一）：

这个案例是典型的股权激励失败引发的法律纠纷，主要涉及的是用人单位在发给高管的聘用通知中提到了期权，还标注了具体的价款，但是高管入职以后却没有细化期权激励的权利义务，也没有签署相关法律文件对期权激励进行完善和使其落地，更没有管理好高管的预期，最后高管离职时产生纠纷。虽然这个案例最终的结果是公司胜诉，高管败诉，但实际上对公司产生了比较大的负面影响。我们认为股权激励是公司的内部激励计划，主要目的是吸引人才、留住人才，与核心高管长期共赢，所以诚信原则是第一位的，如果用人单位并无股权激励计划实施的预期，不建议在入职聘用通知中陈述相关内容，否则极容易发生纠纷，而且对于公司自身内部人才体系的管理也会产生冲击，并不是明智之举。

案例延展（二）：黄某某与北京并行科技股份有限公司等股东资格确认纠纷［（2023）京01民终5448号］

北京并行科技股份有限公司（以下简称并行科技公司）成立于2007年2月15日，为新三板挂牌事宜，并行科技公司法定代表人陈某及其他自然人股东于2015年10月28日成立北京弘健投资中心作为公司股东持股平台，注册资本3万元，占并行科技公司2.41%的股权比例，于2015年10月29日成立北京鼎健投资中心作为公司员工持股平台，注册资本5万元，占并行科技公司10.7%的股权比例。2016年1月22日，并行科技公司由有限责任公司变更为股份有限公司，并于2016年11月2日在新三板挂牌。

2014年2月，并行科技公司有意邀请黄某某加入公司，就股权激励事宜在微信聊天中涉及，未签署正式的法律文件。2014年4月1日，黄某某正式加入并行科技公司。

北京弘健投资中心、北京鼎健投资中心的执行事务合伙人均是陈某，黄某某亦是合伙人之一，黄某某对北京弘健投资中心实缴出资6000元，持有20%的合伙份额；对北京鼎健投资中心实缴出资3000元，持有6%的合伙份额。2017年3月15日，经《关于北京弘健投资中心（有限合伙）合伙份额确认函》确认，黄某某持有20%北京弘健投资中心的合伙份额，间接持有30万股并行科技公司的股份。同日，经《关于北京鼎健投资中心（有限合伙）合伙份额确认函》确认，黄某某持有6%北京鼎健投资中心的合伙份额，间接持有30万股并行科技公司的股份。

2016年，并行科技公司公开转让说明书显示，2012年3月~2015年9月，并行科技公司为进行对公司骨干员工的激励，实际控制人之一陈某陆续与部分公司员工签订股权转让协议，以零对价将并行有限股权转让给部分公司员工，并与接受激励股权的员工签订相应股权代持协议，约定以股权激励为目的的股权转让不进行工商变更登记，由陈某代持激励股权。其中对黄某某激励股权的授予情况、激励股权的限制如下：（1）股权授予日期2014年4

月1日，激励股权30万股，无限制；（2）股权授予日期2014年4月1日，激励股权30万股，每年解禁25%，离职时未解禁部分零对价回购。并行科技公司申请股票在全国中小企业股份转让系统挂牌并公开转让的法律意见书中有类似的内容。

黄某某在“2016并行（EXE）管理层（10）”微信群中，为并行科技公司高管之一。2017年7月7日，黄某某从并行科技公司离职。2021年12月21日，黄某某向并行科技公司发送沟通函，要求并行科技公司支付黄某某所持有的并行科技公司1,122,222股员工股的变现价款，其中部分内容如下：“根据《关于北京鼎健投资中心（有限合伙）合伙份额确认函》所载相关限制，自本人受让激励股权之日（2014年4月1日）起每一个自然年度，本人所持有的激励股权可解禁25%。该确认函由鼎健投资和贵司加盖公章。本人于2017年从贵司离职，共经历三个自然年度，本人所持300,000股激励股已解禁75%。同时，陈某还代为持有本人实际所有的822,222股员工股，且贵司对于该代持情况完全知情。”

因各方对于黄某某是否持有并行科技公司名下82.2222万股产生争议。

一审法院认为：根据最高人民法院《关于适用〈中华人民共和国公司法〉若干问题的规定（三）》第22条的规定，“当事人之间对股权归属发生争议，一方请求人民法院确认其享有股权的，应当证明以下事实之一：（一）已经依法向公司出资或者认缴出资，且不违反法律法规强制性规定；（二）已经受让或者以其他形式继受公司股权，且不违反法律法规强制性规定”。黄某某并非以出资方式获得案涉82.2222万股股份，因此本案的关键在于，黄某某与陈某之间是否达成继受取得案涉争议的82.2222万股份的合意，并协议由陈某进行代持。各方对于案涉争议的82.2222万股股份的性质存在争议。黄某某认为其被授予的并行科技公司股份的情况与并行科技公司对其他员工进行股权激励的情况不同，不是股票期权也不是虚拟股票，是相对独立的股权，是一种限制性股票，即便黄某某所持有的股权名称为“员工股”，其性质和定义也与并行科技公司在庭审中陈述的PPT中以工作年限、业绩等为激励条件的员工股完全不同，早在入职之初，其加入公司时即获得了并行科技公司股权。并行科技公司和陈某对此不认可，认为黄某某所持有的案涉争议股权性质为员工股，是出于对员工的激励给予的收益权，争议的82.2222万股员工股只是一个权益，不是实股，其概念类似于虚拟股票，根据并行科技公司周例会PPT的规定，员工股在员工离开公司时，已解冻部分和未解冻部分全部作废。

本案是确权之诉，黄某某所提供的现有证据无法证明其与陈某之间具有继受取得案涉82.2222万股股份的合意，亦无法证明二人之间就案涉82.2222万股股份存在股权代持关系。黄某某虽声称实际享有案涉82.2222万股股份的所有权，但证据不充分，与一审法院查明事实不符，因缺乏事实和法律依据，故对黄某某要求确认陈某持有的82.2222万股并行科技公司股份系代黄某某持有，以及要求判令并行科技公司及陈某办理工商登记手续，将陈某持有的82.2222万股并行科技公司股份变更登记至黄某某名下的主张，一审法院不予支持。

二审法院认为：关于案涉82.2222万股股权的性质问题。据已查明的事实，82.2222万股中80万股来源为黄某某加入并行科技公司的股权激励和赠送，2.2222万股来源为2015年并行科技公司对员工的效益分配。隐名股东协议中，明确将80万股争议股权部分定性为“员工股”，2015年10月陈某与黄某某的微信对话中，将全部82.2222万股定性为“员工股”。上述事实显示，案涉争议82.2222万股并非陈某基于其与黄某某之间的股权转让或股权赠与合意，将其个人名下实际持有的并行科技公司股权转让或赠与黄某某。黄某某是基于并行科技公司员工身份从并行科技公司获得了上述82.2222万元股权，该部分股权的权益内容和行权方式，应符合并行科技公司对员工股的管理性规定。黄某某主张其所持有的该部分股权与其他员工的持股计划或股权激励不同，但就此并未提供充分证据予以证明，对其该项主张，二审法院不予采信。最终二审维持原判。

案例启示（二）：

这个案例比较典型，系激励对象与公司创始人及公司对于激励对象的股东资格、激励股权份额产生争议引发的纠纷。激励对象作为原告具有发起确权之诉的举证责任和义务，最终因其未能完成全部举证责任而败诉。实际上在这一类纠纷中，通常激励对象相对弱势，因为很多关于股权激励的约定并未形成书面协议等法律文件；也有一些情况是因为激励对象作为员工自身没有留存书面的法律文件，可能是自身不够重视，也可能是公司并未交付激励对象；还有一些情况是股权激励模式本身约定模糊。不过，通常来说，股权激励计划制订的初衷是希望公司、创始人、核心员工各方共赢，我们认为股权激励计划应当明确激励对象获授的激励股权性质，并明确告知激励对象，这样既能减少各方信息不对称，避免因此引发的纠纷，也能更好地发挥股权激励计划的作用。

第80问：非上市公司实施期权或限制性股权激励计划的交易架构和落地步骤有哪些？

答：由于期权或限制性股权这些股权激励的模式最终的结果是激励对象直接或间接持有公司股权，所以我们建议非上市公司在制订股权激励计划的时候要明确交易架构和落地步骤。

一般来说，期权或限制性股权激励模式的交易架构会涉及公司、控股股东、激励对象等多方主体。期权的具体落地步骤包括：（1）公司与激励对象签署期权授予协议，控股股东可以根据具体情况加入其中，成为合同的一方主体。（2）如果是有限合伙企业持股平台持股（目前比较广泛的做法），控股股东安排普通合伙人（可能是控股股东成立的持股公司）与有限合伙人（可能是创始股东之一）共同成立有限合伙企业持股平台，签署有限合伙协议。(3)持股平台有限合伙企业通过增资或者股权转让的方式成为主体公司的股东，签署股权转让协议或增资协议，并修改主体公司章程。(4)当期权成熟期满，符合激励对象出资行权的情况下，控股股东安排有限合伙人将其持有的有限合伙企业的财产份额转让给激励对象，签署有限合伙财产份额转让协议，有限合伙企业普通合伙人与全部有限合伙人（含新进的激励对象）共同签署有限合伙协议。前述期权授予协议中的部分条款，比如退出机制可以有针对性地加入有限合伙协议，使法律文件能够衔接与统一，激励对象按照约定支付购股款，未来可转让变现退出，即授予—成熟—行权—退出。

限制性股权与期权不同，激励对象是先得权，再解锁。所以落地步骤主要如下：(1)如果是有限合伙企业持股平台持股（目前比较广泛的做法），控股股东安排普通合伙人（可能是控股股东成立的持股公司）与有限合伙人(可能是创始股东之一)共同成立有限合伙企业持股平台，签署有限合伙协议。(2)持股平台有限合伙企业通过增资或者股权转让的方式成为主体公司的股东，签署股权转让协议或增资协议并修改主体公司章程。(3)公司与激励对象签署限制性股权授予协议，控股股东可以根据具体情况加入其中，成为合同的一方主体。(4)在限制性股权授予协议签署后，控股股东安排有限合伙人将其持有的有限合伙企业的财产份额转让给激励对象，签署有限合伙财产份额转让协议，有限合伙企业普通合伙人与全部有限合伙人（含新进的激励对象）共同签署有限合伙协议。前述限制性股权授予协议中的部分条款，比如退出机制可以有针对性地加入有限合伙协议，使法律文件能够衔接与统一，激励对象按照约定支付购股款。(5)如果激励对象未来在成熟期内未完成相关考核目标，限制性股权按约被回购，即激励对象按照原来的约定将其持有的有限合伙企业的财产份额按照控股股东的指示转让给控股股东指定的第三方，签署有限合伙财产份额转让协议，回购主体按约定支付财产份额回购价款。如果激励对象在成熟期内完成所有考核目标，则限制性股权解锁成功，激励对象获得完整的股权对应的财产份额，未来可变现退出，即授予—成熟—解锁—退出。

行 业 篇

无论在什么行业或工作中，

一定程度的诚实都是致富的必由之路。

——［法］拉布汝耶

第 81～82 问：互联网行业在实施股权激励时，通常有哪些特点？需要重点关注什么？

答：实际上股权激励并不是互联网企业专用的激励人才与管理人才模式，其他行业的企业，尤其是人力驱动型的企业实施股权激励核心人才也非常普遍与多见。不过，根据我们的实务经验和观察，通常互联网企业在实施股权激励的时候有以下特点：（1）企业创始人及联合创始人比较注重股权激励，一般在企业设立的时候就会预留股权/期权池，用于未来对核心人才的股权激励；（2）实施股权激励的时机都相对较早，一般是在股权融资前后开始筹谋或计划实施股权激励；（3）相较于其他行业，互联网企业采取期权激励的模式相对较多，即以现在约定的价格授予员工未来购买公司一定数量股权的资格，这种模式需要公司短期内有比较大增值的可能性，所以相对适合互联网行业的特点；（4）在引入核心人才的时候，聘用通知中通常会使用“月薪＋福利＋期权”的全面薪酬模式，有些互联网企业还会区分入职期权与业绩期权。

我们认为需要重点关注的：一是，互联网的明星企业比较多，成长和爆发又比较快，如果身处互联网行业的企业打算实施股权激励千万不要盲目跟风，一定要根据自己企业的实际情况选择合适的时机、合适的方案进行股权激励。二是，虽然互联网企业的成长性比较好，但我们也不建议过早实施股权激励，这样会严重影响激励股权的价值，实际效果也未必好。三是，互联网企业对于人才的依赖自不待言，所以经常会发生“抢人大战”，人还没来工作，在入职的聘用通知中就会加入期权激励或股权激励的内容，这个时候要注意后续的落地。股权激励与约束并存，故业绩考核条件、激励股权兑现等都要约定清楚，否则极有可能出现隐患和纠纷。

案例延展：某互联网技术公司的股权激励方案（节选）

（1）激励工具：股票期权；（2）股份来源：采用大股东转让股权的方

式；(3) 激励总量：为现有总股本的15%；(4) 激励对象：董事会成员，绩效合格的技术部所有员工，绩效良好以上的中层管理人员；(5) 行权价格：首次授予按照0元的价格，后续授予将首次授予时公司估值作为行权价格的参考依据；(6) 行权期间和考核条件：行权期间为4年，考核按照个人考核条件和公司战略目标达成条件分别设置，个人考核条件主要是针对绩效考核；(7) 授予个量：通过岗位层级、岗位贡献、绩效考核确定个人授予量；(8) 退出安排：退出与公司上市紧密挂钩。

案例启示：

一般来说，互联网企业的成长性比较好，非上市的互联网公司采取期权激励的模式比较普遍，主要引导激励对象关注企业未来的价值。上述案例中公司在制定股权激励方案的时候对于授予个量问题重点关注岗位重要性、人员的绩效贡献和未来潜力，从而增强长期激励对人才的吸引。

第83~84问：什么是VIE架构？为什么大量的互联网企业搭建VIE架构在海外上市？

答：如图3的法律关系展示，VIE架构，也称为“协议控制”，本质是境内主体为实现在境外上市采取的一种迂回方式。这种架构涉及建立两个实体企业，一个是业务实体，另一个是离岸控股公司，分别位于中国和海外。中国的业务实体持有在中国开展业务所需的相关许可证和执照，另一个实体是离岸控股公司（通常选择注册在开曼群岛等避税天堂）作为上市主体，海外投资者可以买进该离岸控股公司的股份。境外上市实体在境内设立全资子公司（WFOE），该全资子公司并不实际开展主营业务，而是通过协议的方式控制境内运营实体的业务和财务，使该运营实体成为上市实体的可变利益实体。这种安排可以通过控制协议将境内运营实体的利益转移至境外上市实体，使境外上市实体的股东（境外投资人）实际享有境内运营实体经营所产生的利益。国内的互联网“头部企业”阿里巴巴、百度都采用 VIE 架构上市。

我国的互联网企业想要在海外上市并符合我国监管的规定，通常会采用 VIE 架构，因为我国很多市场准入牌照只对我国企业开放。另外也有一些互联网企业通过 VIE 架构来进行财务避税。

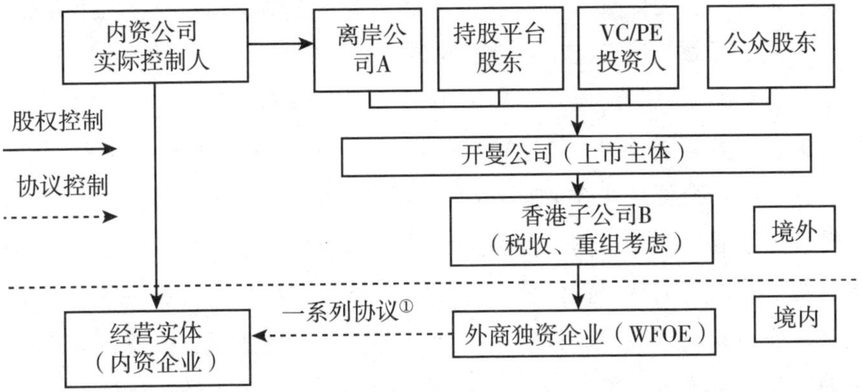

注：①一系列协议主要包括：委托管理协议、股东委托投票代理协议、独家选择权协议、股权质押协议等。

图 3 VIE 架构

案例延展：新浪模式

2000 年 4 月，新浪在美国纳斯达克交易所上市，成为第一家赴美上市的中国互联网公司。新浪首创 VIE 架构的“新浪模式”，开创了中国互联网企业赴境外上市的新型模式。作为第一家赴美上市的中国互联网公司，新浪登陆纳斯达克必须得到中国证监会的批准，这是一个非常复杂且烦琐的过程，并且新浪还需要在中国法律环境下兼顾海外投资者的利益。为了提交一个双赢的上市方案，新浪将上市主体调整为开曼公司，并设计多层投资架构，最终通过协议控制的形式实际控制在中国境内拥有 ICP 牌照的内资公司。新浪模式对中国互联网公司境外上市提供了非常有参考意义的效仿路径。之后中国多家互联网企业完成海外融资和上市都借鉴参考了新浪这种 VIE 架构，如我们所熟悉的，阿里巴巴、搜狐、网易、百度和 360 都采用了这种模式和架构。因此，可以说新浪模式下的 VIE 架构创新，对于中国新经济产业同境外资本的接轨作出了重要贡献。

1993 年，原邮电部颁布《从事放开经营电信业务审批管理暂行办法》，禁止外商介入电信运营和电信增值服务。所以，外商提供网络信息服务（ICP）被禁止，但提供技术服务被允许。换言之，网络信息服务的牌照只能由内资公司持有，但内资公司要赴美上市又是非常困难的事情。在当时的背景下，新浪为了解决境外上市困难的问题，另辟蹊径。

公开资料显示，新浪成立了一家由自然人持股的内资公司——北京新浪互联网信息服务有限公司，以这家有限公司作为申请 ICP 牌照的主体。另外，新浪设立了中外合资企业新浪互动广告有限公司提供广告服务。同时，新浪在开曼群岛注册了上市主体开曼新浪，其下属子公司还包括：香港利方投资有限公司、香港新浪有限责任公司、美国加州新浪在线以及英属维尔京群岛新浪有限公司。通过层层股权结构搭建，再通过贷款协议、投票权和表决权协议的协议控制方式，使数家公司在本质上属于“一个家族公司”。新浪通过 VIE 架构，一方面能够成功获得海外投资者的美元投资，另一方面又能从事中国法律禁止外商介入的互联网信息服务等领域。

案例启示：

VIE（可变利益实体），实质上就是境外公司不通过持股，而通过境内外商独资公司（WFOE）以协议方式来控制境内实际经营的内资公司，从而实现财务报表合并，最终达到海外上市目的。企业 VIE 架构方便赴美上市，且可以规避国内一些特殊行业对外资投资入股的限制，此外也有上市成本低、再融资便利等优势。

第 85 ~ 86 问：作为 VIE 架构关联公司的高管或者激励对象，在国内签署股权激励协议的时候要注意哪些方面？在股权激励计划的实施过程中应注意什么？

答：正如前面分析的，VIE 架构的上市主体在境外，国内的运营主体并不是上市主体，但承载了核心商业模式运营与发展的重大任务，所以应当将国内的运营主体的核心员工列入股权激励的对象范围。不过，由于激励对象是在境内工作，境内公司提供核心价值，而最终获得的是境外的上市公司股票，所以激励对象经常遇到的问题可能就是签署文件的版本是英文版本，合同适用的法律是境外法律，争议解决的管辖是境外仲裁机构，遇到问题一头雾水，维权困难重重。这里，我们提醒注意：第一，签署的合同文本或其他法律文件建议使用中文版本，或中英文版本以中文为准；第二，了解清楚双方的法律关系受到什么地方法律的保护，如果明确是境外法律，建议员工向公司申请由具有相应资质的律师进行法律培训，让员工更多了解自己的权利和义务，这是对公司和员工的保护；第三，对于自己签署的协议或法律文件妥善保管，尽量做到一式两份，自己手里留存一份原件，如果无法获得原件，至少留存一份自己签署的文件的复印版本；第四，对于签署多份法律文件的情形，一定要弄清楚哪些法律文件有效，哪些法律文件失效，具体变更的原因以及变更的内容。

另外，股权激励计划是一项长期的计划，在实施过程中会发生很多变化，比如期权激励，就会存在授予、成熟、行权等过程，伴随着这些过程，激励对象会签署期权授予协议、出资行权通知书、股权转让协议等法律文件。激励对象保管好各类法律文件的同时，也需要注意，比如出资行权获得海外股票，就需要公司配合开立账户，代扣税金等方面。

案例延展：窦某利与京东科技控股股份有限公司、京东金融集团的劳动争议（2022）京 02 民终 3040 号民事案件判决书（节选）

2014 年 9 月 25 日，窦某利与北京京东世纪贸易有限公司（以下简称京东世纪公司）签订劳动合同，期限为 2014 年 9 月 25 日至 2017 年 12 月 31 日。2016 年 2 月 1 日，窦某利与京东世纪公司、京东科技公司签订三方协议书，约定窦某利与京东世纪公司劳动关系于 2016 年 1 月 31 日解除，窦某利与京东科技公司劳动关系自 2016 年 2 月 1 日起建立，窦某利在京东世纪公司的工作年限计入其在京东科技公司工作年限。2016 年 2 月 1 日，窦某利与京东科技公司签订劳动合同书，约定期限为 2016 年 2 月 1 日至 2017 年 12 月 31 日。窦某利在京东科技公司工作期间任市场分析岗，离职前月工资 18,000 元。

2016 年 2 月 14 日，经京东科技公司根据股权激励计划推荐，京东金融集团与窦某利签订股权激励计划受限股票单位授予通知、受限股票单位授予协议，其中，股权激励计划受限股票单位授予通知约定窦某利于 2016 年 4 月 1 日获发 8333 股（50000 × 1/6）京东金融集团股票；受限股票单位授予协议第 1 条约定，“根据股权激励计划的规定以及其项下限制、条款和条件，你从授权日起已被授予获发 JINGDONGFINANCEGROUPINC.（公司）指定数量股票的受限股票单位。本文中公司包括公司以及其直接或间接的子公司和附属公司，**包括并表可变利益实体**”。第 8 条约定，“在窦某利服务终止后，委员会有权决定是否回购你服务终止前已归属的受限股票单位（除非你的服务终止是有因的）。委员会有权自行决定回购的时间和条件，并且回购期限应为你服务终止之日起的两年”。第 13 条约定，“你是自愿参加计划的。受限股票单位的价值是你聘用合同（如果有）范围之外的特殊薪酬项目……计划下受限股票单位的授予只代表一项投资机会”。第 15 条约定，“本协议受开曼群岛法律管辖并予以解释”。窦某利未为京东金融集团提供劳动，京东金融集团基于窦某利为京东科技公司所提供的服务授予上述协议约定的限制性股票。京东金融集团与京东科技公司均认可两公司实际控制人为刘某东。

2016 年 4 月 15 日，窦某利因个人原因主动离职，双方解除劳动关系。窦某利在办理离职过程中签署离职审批确认单，确认离职手续办理完毕后其与京东科技公司再无任何劳动关系，双方无任何劳资纠纷。

2018 年 4 月 10 日，京东金融集团向窦某利发送了关于回购受限股票单位的通知，告知其将于 2018 年 4 月 15 日以公司决定的回购日的普通股公允价值回购全部受限股票单位，并通知其于 2018 年 4 月 30 日前往京东金融集团总部确认收款信息并办理本次回购的相关手续。2018 年 12 月 14 日，京东金融集团通过电子邮件向窦某利发送了关于回购受限股票单位的通知，称已多次联系他，但其至今仍未办理相关手续，再次通知其于2018年12月20日前前往京东金融集团总部办理回购的相关手续；如未能如期签署，京东金融集团将在2018年12月31日前直接向窦某利的账户支付扣除相应税费后的回购款。2018年12月29日，京东金融集团委托京东科技公司以2016年4月15日受限股公允价值（10元/股）向窦某利支付8333股受限股的回购款63, 074. 5元，并代扣代缴个人所得税20, 255. 5元。京东科技公司称京东金融集团的原控股股东为美国上市公司JD. com，INC（以下简称京东集团），京东集团披露的2016年年报载明了京东金融集团受限股票的公允价值，对此提交了对京东集团披露2016年年报网页进行公证的（2019）京长安内经证字第27918号公证书。该公证书显示：截至2016年12月31日，京东金融集团授予的限制性股票单位的公允价值为7. 17元/股。

窦某利称京东金融集团应以57. 02元/股进行回购，对此提供新闻网页截图。该新闻网页截图载明："京东金融正式对外宣布近期签署了具有约束力增资协议计划，融资金额约为130亿元人民币，投后估值约1330亿人民币。"京东科技公司称新闻中记载的融资信息基本属实，但其中所涉"京东金融"是指北京京东金融科技控股有限公司，并非本案中的京东金融集团，并且受限股票价值不等同于企业估值，不能作为判断公允价值的依据。

2019年1月14日，窦某利向北京经济技术开发区劳动人事争议仲裁委员会（以下简称开发区劳仲委）提起劳动仲裁，要求京东科技公司返还其已回购的8333股受限股票。2019年5月5日，开发区劳仲委作出裁决书（京开劳人仲字〔2019〕664号），裁决驳回窦某利的仲裁申请。窦某利不服仲裁结果，向法院提起诉讼。2019年12月26日，法院作出（2019）京0115民初16669号民事裁决书，以窦某利未预交案件受理费为由，裁定案件按窦某利撤回起诉处理。

2020年1月19日，窦某利再次到开发区劳仲委申请劳动仲裁，要求：（1）京东科技公司赔偿未按照公允价值回购京东金融集团股票对窦某利造成的损失412, 073. 16元（税后金额）；（2）京东金融集团对上述损失赔偿承担连带责任。2021 年 3 月 25 日，开发区劳仲委作出京开劳人仲字〔2020〕第 1158 号裁决书，裁决：驳回窦某利的全部请求。京东科技公司及京东金融集团同意仲裁裁决，窦某利不同意仲裁裁决，诉至法院。

根据本案当事人之间的诉辩对抗意见，一审法院将本案主要争议焦点归纳为以下几个方面……二是京东科技公司在本案中是否属于适格被告；三是关于本案涉外法律关系的法律适用问题……五是离职协议兜底条款是否包含案涉回购行为；六是关于是否需赔偿窦某利股权回购损失。对于第二方面，法院认为京东科技公司在本案中属于适格被告。通常用人单位用于股权激励计划的是本公司的股票，但实践中也经常发生由用人单位的关联公司授予股票期权的情况，本案即属于此类情形。京东科技公司与京东金融集团的实际控制人为同一人，两公司具有关联关系。窦某利未为京东金融集团提供劳动，该集团之所以授予窦某利受限股票，系建立在窦某利与京东科技公司存在劳动关系的基础上，且本案股票期权的授予对象、授予条件及行权条件亦基于劳动关系中的若干因素决定，即本案有关股票回购的争议系基于劳动关系产生。基于以上原因及京东科技公司、京东金融集团之间的关联关系，法院认为，窦某利以京东科技公司及京东金融集团为本案被告并无不妥。对于第三方面，法院认为本案适用中华人民共和国法律。本案当事人一方京东金融集团为外国企业，本案属涉外民事案件。《涉外民事关系法律适用法》第 4 条规定："中华人民共和国法律对涉外民事关系有强制性规定的，直接适用该强制性规定。"最高人民法院《关于适用〈中华人民共和国涉外民事关系法律适用法〉若干问题的解释（一）》第 8 条规定："有下列情形之一，涉及中华人民共和国社会公共利益、当事人不能通过约定排除适用、无需通过冲突规范指引而直接适用于涉外民事关系的法律、行政法规的规定，人民法院应当认定为涉外民事关系法律适用法第四条规定的强制性规定：（一）涉及劳动者权益保护的；（二）涉及食品或公共卫生安全的；（三）涉及环境安全的；（四）涉及外汇管制等金融安全的；（五）涉及反垄断、反倾销的；（六）应当认定为强制性规定的其他情形。"如前所述，本案股票回购争议涉及劳动者权益保护，故京东金融集团据受限股票单位授予协议中约定的管辖条款主张适用开曼群岛法律的理由不能成立，本案应适用中华人民共和国法律。对于第五方面，法院认为离职协议兜底条款不包含案涉回购行为。窦某利虽于2016年4月15日在离职审批确认单中确认其与京东科技公司无劳动争议，但本案中所涉回购行为及争议产生于签署该文书之后，故窦某利向京东科技公司主张股权回购权利并不受该兜底条款的约束。对于第六方面，法院认为无须按照窦某利所主张的价值支付其股票回购差价损失。窦某利与京东金融集团签署的股权激励计划受限股票单位授予通知约定，窦某利离职后，京东金融集团有权决定受限股票回购的时间及条件，故京东金融集团以窦某利离职日期，即2016年4月15日作为确定回购价格的回购日期并无不妥。京东集团2016年度年报显示，京东金融集团2016年度授予员工的受限股公允价值为7.17元/股，而京东金融集团实际回购价格高于上述价格。窦某利不认可据此确立的市场公允价值，但提供的新闻报道未明确其中所涉公司为本案中的京东金融集团，报道中也未涉及受限股票公允价值。窦某利未提交证据证明其被特殊不公平对待，亦未提交其他证据佐证其主张，应当承担举证不能的不利后果。故法院对窦某利关于回购价格显失公允的主张不予采信，对其要求京东科技公司及京东金融集团赔偿未按照公允价值回购股票损失的请求不予支持。

二审法院认为：本案的争议焦点为京东科技公司、京东金融集团是否应连带赔偿窦某利未按照公允价值回购京东金融集团股票的损失。经查，2016年2月1日，窦某利与京东科技公司建立劳动关系。2016年2月14日，经京东科技公司根据股权激励计划推荐，窦某利与京东金融集团签订股权激励计划受限股票单位授予通知、受限股票单位授予协议。该通知载明窦某利于2016年4月1日获发8333股，该授予协议明确约定“在窦某利服务终止后，委员会有权决定是否回购你服务终止前已归属的受限股票单位（除非你的服务终止是有因的）。委员会有权自行决定回购的时间和条件，并且回购期限应为你服务终止之日起的两年”。2016年4月15日，窦某利因个人原因离职。2018 年 4 月 10 日，京东金融集团向窦某利发送关于回购受限股票单位的通知，告知窦某利回购全部受限股票单位，并通知其办理相关手续；后窦某利未办理。2018 年 12 月 29 日，京东金融集团委托京东科技公司以每股 10 元的价格向窦某利支付 8333 股受限股票的回购款。窦某利认为京东金融集团未按照实际回购时的受限股票公允价值回购，故要求京东科技公司、京东金融公司连带赔偿其损失 412, 073. 16 元。首先，京东金融集团与窦某利签订的受限股票单位授予协议明确约定京东金融集团有权决定回购的时间和条件，该约定未违反法律法规的强制性规定，亦未有证据显示存在欺诈、胁迫、乘人之危等情形，故应认定有效。其次，京东金融集团虽通知窦某利以 2016 年 4 月 15 日的受限股票公允价值进行回购，但实际是以 10 元/股回购，该价格高于京东集团披露的 2016 年年报所显示京东金融集团授予的限制性股票单位 7. 17 元/股的公允价值。最后，窦某利主张京东金融集团应以 57. 02 元/股进行回购，要求京东科技公司、京东金融集团连带赔偿其损失，故根据谁主张谁举证原则，其应当证明该损失实际存在且系因京东科技公司、京东金融集团的行为所致。为证明该主张，窦某利提交新闻网页截图，但是该截图仅能显示“京东金融”的融资情况，不足以证明京东金融集团受限股票的公允价值及其所主张的公允价值计算方式。综上所述，窦某利提交的证据不足以证明京东科技公司、京东金融集团应连带赔偿其未按照公允价值回购京东金融集团股票的损失 412, 073. 16 元，一审法院对窦某利的该项诉讼请求予以驳回并无不当，本院予以维持。

案例启示：

作为 VIE 架构关联公司的高管或者激励对象，因为股权激励纠纷产生诉讼，败诉的概率还是比较高的。究其原因可能主要还是作为激励对象的高管或者核心员工对于股权激励计划不够重视，参与度不够。比如本案中的窦某利对于自己签署的法律文件的具体约束并不清楚，离职的时候也没有对自己获得的受限股票提出任何诉求，更没有询问公司是否回购以及回购的价格。

导致后期公司启动回购程序的时候自身就比较被动，毕竟离职的时候没有固定回购的公允价值，两年后再寻求证据就非常困难，证据不足便会导致败诉。所以，作为激励对象，重视股权激励计划是必需的；对于签署的法律文件一定要了解清楚内涵和外延，比如自身的责任、权利和义务是什么一定要搞清楚；根据自身的具体情况，随着股权激励计划的变化要及时固定好证据，比如及时留存、固定申请公示相关股票公允价值的电子邮件或者公司回复的相关信息等。

第87~90问：全员持股有哪些天然优势？互联网初创公司借鉴市场上的明星企业实施全员持股是否可行？为什么？如果要实施全员持股要注意什么？

答：由于互联网行业的特殊性，相较于其他行业，互联网企业对于人才的需求更加迫切，阿里巴巴就曾采取全员持股的模式。全员持股的天然优势：（1）向员工释放积极的信号，给予员工公司股票，既传递出了公司对员工的认可，也体现了公司与员工共享发展成果的意愿，满足了员工被认可、被尊重、自我实现等更高层次的需求，建立起员工和公司之间的利益共同点，从而激发员工的积极性。（2）将员工个人利益与企业发展挂钩，使公司员工能够实现自驱动，在企业的生存和发展与员工之间建立密切联系，通过持有企业的股权享有企业成长带来的收入，减少因短期个人利益而牺牲公司长期利益的情形。（3）监督企业的规范运作。员工获得公司股权后，特别是在股权占薪酬比重较高的情况下，客观上员工利益与企业休戚相关，主观上也增强了员工的主人翁意识，有别于传统的自上而下的监督，公司大股东、经营管理者的经营行为，也都在全体员工的监督之下，更有助于企业的健康发展。

现在有一些互联网初创公司也希望借鉴这样的全员持股模式。这类企业在早期没有过多的资金吸引人才，创始人就希望通过股权将人心聚拢。这种创始人求才若渴的心情和真挚诚恳的态度我们可以理解，但我们认为并不是所有的互联网企业都适合全员持股。股权对于一家企业是宝贵的财富，是最稀缺的资源，不是每一个早期在公司工作的员工都适合获得公司股权。因为如果企业在初创期就实行全员持股，可能存在以下问题：一是，会导致公司的股权极度分散，影响公司的控制权与股权架构；二是，会影响公司后期的治理，召开股东会会议的决策效率会大大降低；三是，会使后期进入公司的骨干人才没有机会获得或只能获得很少的股权，贡献和分配不匹配、不对等；四是，会影响公司后续股权融资，投资机构在考察是否投资一家企业的时候注重商业模式，注重创始团队，但一定也会重点考虑股权分配的问题。

如果要实施全员持股，要注意以下几个方面：

*1. 激励还是福利，激励模式如何选择要根据自身的企业“基因”。*很多企业全员持股的股权获得或兑现是与员工的年资、业绩成果挂钩的，也有一些企业是以赠送的形式授予员工股票，或者是股票不与绩效挂钩的，同样级别的员工的持股数量也差不多，选择哪种倾向，需要结合企业的价值观、实际情况、预期目标进行确定。至于激励模式，如果是实股激励，不建议全员持股，这对公司股权架构影响有较大的不确定性，同时人人都持有股权与人人都不持有股权区别不大。当然对于激励模式的选择也是要区分公司业务模式、发展阶段和具体实际情况。企业可以选择限制性股票还是期权模式，抑或虚拟股权，只要是适合自身的都是好的选择。

*2. “一视同仁”与“向奋斗者倾斜”。*员工持股应当做到一视同仁，这里的一视同仁和平均分配并不等同，而是机会上的一视同仁，让全体员工都有机会成为企业的股东，并且对于获取股权的要求也要公示，这样才能尽可能调动更多员工的积极性。员工获得和兑现股份的额度要与员工的职位、业绩以及对企业的贡献大小挂钩。并且，企业应当根据员工职位上下变动和工作业绩考评结果对其持股额度进行动态评定，有升有降，避免出现平均主义。

此外，根据企业的职级区分股权收入在总收入中的占比也很重要，我们建议普通员工，股权收入占比不宜过多，还是要以工资奖金为主；但是对于中高层领导，主要是核心高管，必须提高股权收入占总收入的比例，这些企业核心高管的收益应与企业发展紧密相连。

3. 动态设计股权模式。成功实行全员持股计划的企业，无疑都会设一个动态的调整机制，毕竟企业与员工都在成长变化。对于各种情形，股权架构应当做好动态预案，也应留有应对的弹性空间。

4. 提前设计好退出机制。退出机制与进入机制同样重要，上市公司的股票可以在二级市场上自由流通，但非上市公司的股权无法在二级市场流通，所以员工的退出机制自然也应当在设计股权激励方案时被考虑进去。员工持股与其人力贡献挂钩，不会也不应该是终身制，如果员工因为各种原因不再是企业的职工，人力贡献停止，就应当将股份以约定或合理的价格退出。

案例延展：星巴克著名的“咖啡豆”股票计划

20 世纪 90 年代初期，星巴克的创始人霍华德·舒尔茨提出了“咖啡豆股票计划”，目的是为所有的员工提供股权认购计划，使每个员工都持股公司，甚至是兼职人员。舒尔茨希望让所有星巴克的雇员都成为公司的伙伴，一起分享公司的成功，让每个员工与公司的总体业绩捆绑，无论是首席执行官还是普通员工。这项计划实行后直接改变了员工的状态，员工开始想方设法为公司节省开支增加收益。比如，有人乘坐周六夜间的航班出差以节省机票钱，员工们琢磨着降低费用，扩大销售和创造价值。作为公司的“合伙人”，一线员工从心底里热情对待顾客。这一系列的改变，使星巴克的营业收入、利润大幅提升，当时星巴克的员工的跳槽率远低于餐饮行业的平均水平。

案例启示：

星巴克的全员持股计划是全员持股正向激励的成功典型案例。员工成为股东后，心态发生了本质变化，从“要我干”到“我要干”，员工的自驱动性也给企业带来了飞速的发展。不过诚如前面的回答，全员持股方案设计要求很高，优势和风险共存，非上市公司采用此种方式还是要慎重，考虑清楚利弊。我们的建议是谨慎观望，不推荐非上市公司动辄推行全员持股激励模式。

第91～92问：餐饮企业相较于其他企业有什么特殊性？股权激励计划的特点又是什么？

答：餐饮行业属于第三产业服务业，相较于互联网企业、科技型企业，餐饮类企业属于劳动密集型企业，且员工的整体文化水平相对较低，流动性相对其他行业也会大一些，这些都会影响餐饮企业的股权激励计划。

餐饮行业的股权激励计划的特点，我们归纳如下：一是，股权激励模式相对简单直接，比如虚拟股权或分红股。这是因为非常复杂的股权激励模式并不一定适合，员工不认同或不理解，股权激励想获得成功也不太可能，毕竟这是需要公司与员工同频共振的。二是，股权激励的对象比较广泛，既包含了公司的高管，也包含门店的店长甚至普通核心员工。因为餐饮企业一般做大做强，连锁是大趋势，除了行政层面管理者的奋斗，还需要普通门店的店长、班组长等管理者、经营者的共同努力，尤其还需要“老带新”的人才梯队培养，所以股权激励的范围一般比较广。三是，股权激励的范围不仅包含内部员工，也可以尝试连锁经营的加盟商，形式上比较灵活，毕竟要让员工出“大钱”购买公司的股权并不现实，通过激励加盟商出资来推进企业发展也是一种借力的方式。四是，股权激励的退出机制考量也不会仅仅是上市或被并购，可能创始人回购或者其他激励对象购买会是主要的退出路径，毕竟大部分连锁餐饮企业上市或者被并购还是比较困难的，员工对于股权激励的期待更多的是分红权而不是企业未来上市或被并购变现。

案例延展：喜家德的股权激励[①]

喜家德创立于2002年，是一家专注于水饺的餐饮店，总部位于大连。短短十几年的时间，喜家德在全国40多个城市成立了500多家连锁门店，员工超过8000人。喜家德的经营理念“只做直营，不做加盟”对于资金要求实际很高，却依然可以在较短的时间内取得如此傲人的成绩，这与喜家德“3·5·8激励模式”是分不开的。

喜家德的创始人高德福曾说：“喜家德的成功正是因为采用了我们当下企业最为关注的合伙人制，未来的事业将从雇佣制变成合伙人制，企业提供一个平台，大家依托平台提供的资源和机会，成为合伙人，不再是单纯的打工者，而是自己给自己当老板。”

基于这种理念，喜家德摸索出一套“3·5·8激励模式”，具体而言，“3”就是3%，即考核成绩排名靠前的店长，可以获得干股（身股）收益，这部分不用员工投资，是完完全全的分红；“5”就是5%，店长如果培养出新店长并且符合公司的考评标准，就有机会接新店，成为小区经理，并在新店投资入股5%，这部分需要按照新店的原始投资同比例出资；“8”就是8%，一名店长如果培养出了5名店长，成为区域经理并符合考评标准，再开新店时，可以在新店投资入股8%，这部分需要按照新店的原始投资同比例出资。此外，还有一个“20”，即20%，店长如果成为片区经理，那么可以独立负责选址经营，此时就可以获得新店投资入股20%的权利，当然这部分也需要按照新店的原始投资同比例出资。

在喜家德“3·5·8激励模式”下，店长不再是纯粹的员工，更是喜家德的事业合伙人，他们会更加积极主动地培养优秀人才，并且由于利益相关，店长与新店长之间的沟通成本会更低，这种机制设定，老店长也不会担心教会徒弟饿死师父。

---

① 参见何良泉、张静：《基于SMART模型探析喜家德品牌发展》，载《中国教育技术装备》2018年第8期。

案例启示：

在这套激励制度下，店长不仅可以成为股权激励对象，一定程度上也获得了成为天使投资人的资格，因为培养的新店长越多，自己在他们身上投资的机会越多，可以切实享受到新店长们努力的收益。这种用成功复制成功的模型，真正可以使员工无形中具有自驱动力，具有主人翁意识，通过众人的智慧和努力将企业推向快车道。

第93～94问：什么是房地产行业的股权激励项目跟投机制？项目跟投机制的利弊分析？

答：项目跟投机制在房地产行业使用范围非常广泛，主要是因为房地产企业属于资金密集型。跟投机制的核心逻辑是跟投的高管通过出资享受品牌的无形价值，跟随着企业这艘大船一起投资获利，主要强调的是资金、人力、资源的共同捆绑，强化经营周期内的现金流管理和利润管理，具有引人、留人和激励的作用。

项目跟投机制可以把优秀的人力资源、土地资源和资金资源整合在一起，在组织体系内实现最优组合，绑定多个利益体的共同利益，从而最大程度激发员工的积极性。但是，跟投制度实际上是把“双刃剑”，在市场上行期，良好的跟投机制方案能够使被激励员工由职业经理人向事业合伙人角色转变，与公司共同成长。但是在市场下行期，房企项目去化速度普遍变慢。大多数地方城市限制预售价格，导致很多项目或因取证艰难延长了开盘时间，或因被迫低价入市而影响了项目收益空间，导致房企项目跟投的投资回报降低。与此同时，金融监管加强，房地产融资成本增加。开发建设资金到位迟缓，拉长了项目销售回款周期，进而拉长了现金流回正的时间，使跟投本金返还延后，退出时点也变得不确定。这些都削弱了房企强制跟投人员的积极性，并加大了跟投机制的风险。

案例延展：碧桂园“成就共享”跟投机制[①]

碧桂园是一家专门从事房地产开发经营的集团公司，创始人杨国强原来是一名泥瓦匠，却用30多年时间打造了一个年销售金额超过5500亿元的“地产帝国”。

碧桂园的爆发主要在2011～2017年，这期间杨国强将公司的销售额翻了近13倍，7年间如此大的跃升，不是杨国强一个人的功劳，是公司员工共同的努力使然。

2012年，碧桂园在公司内部推行“成就共享制度”——合伙人计划。

1. 该计划的激励对象是区域总及项目总经理，获得激励的前提是：（1）一年内实现集团自有资金投入全部回笼；（2）项目累计回笼资金大于自有资金投资投入和年化自有资金标准收益之和。达到上述前提，每个项目实现净利润后，扣除占用股东资金利息之后，拿出其中20%分享给团队。

2. 该计划的奖金计算方法分成两类：

（1）区域主导拓展的项目，成就共享股金＝（净利润－自有资金按年折算后的金额×30%）×20%。

（2）集团主导拓展的项目，成就共享股金＝（净利润－自有资金按年折算后的金额×30%）×（10%～15%）。

3. 区域总及项目总经理获得激励达到成就共享的条件：

（1）做好市场研究并获得优质土地。

（2）与政府建立良好的关系。

（3）快速开工、快速销售、快速回笼资金。

4. 处罚规定。

（1）无论何种原因，项目在考核期内出现亏损，亏损额的20%由区域总

---

① 参见张晓玲、周智宇：《房地产的“战国时代”：碧桂园集团的3000亿体量野心》，载《21世纪经济报》2016年5月7日版。

及项目总经理承担；其中区域总占70%，项目总占30%；当期从其管辖的其他项目的成就共享股金中扣除，无法扣除的，从其工资、奖金中扣除。

（2）若一年内现金流不能回正，则该考核单元将失去继续参加成就共享计划的资格。

（3）若参加成就共享计划的项目最终未能获得奖励，将视情况对区域总及项目管理层进行处罚。

（4）考核范围内发生重大质量、安全、成本责任事故，重大负面新闻事件或未按合同交楼的，将根据实际负面影响和损失对所提取的奖励金额进行扣减，并报主席、总裁审定。

（5）参与该项激励的主要管理人员牟取个人私利、在行权日前主动离职或因工作失误被解聘的，其所持购股权自动失效，情节严重者，既往现金发放部分全部返还，并依法追究其对公司造成的损失。

（6）目标成本、费用控制不力，由于自身管理问题造成返工等导致成本增加等，将在奖励金额中全额扣除。

股权激励计划推行后，员工士气高涨，2013年，碧桂园的销售额暴涨至1060亿元，较上年度翻了两倍多。

案例启示：

房地产企业显然属于重资产行业，对资金的需求非常大，公司的现金流就是生命线这句话适用于所有企业，对房地产企业尤其是。另外，房地产企业的高管、核心员工普遍收入比较高，在这样的情况下设计一套行之有效的出资跟投激励计划，使集团高管、区域高管、项目核心员工形成利益共同体，一起跟着企业创始人、集团股东们出钱投资不失为一个好的激励方式。同时，股权激励不能只有利益没有约束，激励与考核，激励与约束都应该相关联、相捆绑，碧桂园的跟投机制考虑到了这点，也是难能可贵的。

第95～96问：制造类企业的股权激励特点是什么？需要重点关注什么？

答：根据以往我们在给制造行业的公司设计股权激励方案时遇到的实际情况和经验，我们认为制造类企业股权激励特点如下：（1）定价稳定。通常可以通过财务审计机构评估测算。（2）股权激励的周期一般较长，这与企业属性密不可分。（3）股权激励范围不局限于组织内，外部成员也可以进入股权激励对象范围。基于以上特点我们认为需要重点关注：第一，制造类企业首先属于重资产企业，公司通常要采购大规模的生产设备、机器以及需要长期、高额的技术研发投入，所以在股权激励的定价层面就需要考虑这些因素，不能盲目地为了吸引人才定价过低，否则股份支付的管理费用过高，将影响企业的利润；第二，制造类企业一般具有较长的盈利周期，需要考虑产品研发、生产和销售的时间周期，因此股权激励计划的考核层面要与长期业绩指标相匹配；第三，制造行业对于上下游的依赖尤为突出，尤其是借力经销商是非常重要的，所以股权激励通常会突破内部组织架构，会开放外部经销商股权激励的通道，内外部股权及方案的区别统一很重要；第四，制造行业对技术创新的需求较高，除了将企业的管理层员工纳入股权激励范围外，对于技术层面的核心员工也要重点考虑，通过股权激励激发他们的工作热情。

不过需要注意的是，就算是同在制造行业，每个制造类企业的股权激励计划具体情况也会有所不同，因此在设计和实施股权激励计划时，需要考虑到企业自身的特点和员工的需求，制订适当的方案。

案例延展（一）：格力电器的经销商股权激励

格力电器作为家电行业的“龙头老大”，很大程度上得益于它的经销商利益共同体股权激励计划。河北京海担保投资有限公司成立于2006年，注册资本1亿元，全部实际缴纳到位。这家公司的股东全部是格力在全国主要销售区域的经销商，是格力电器经销商利益共同体的持股平台，包含了河北、山东、重庆、浙江、四川等10个区域的经销商持股。格力电器对于经销商的股权激励计划与经销商协议中的销售额达标返利挂钩，同时考量了压货等条件，取得了去库存、增销量的积极效果。

案例延展（二）：老板电器的经销商股权激励

2018年3月16日晚间，老板电器发布第二期代理商持股计划买入完成的公告，截至2018年3月15日，第二期代理商持股计划通过二级市场累计购买公司股票831.12万股，占公司总股本的0.8758%，成交金额合计为3.31亿元，成交均价为39.81元/股。实施经销商、代理商等持股计划的公司大多是比较依赖销售渠道的公司，实施持股计划是将自身利益与其经销商利益更紧密地“捆绑”在一起的重要手段之一。老板电器作为上市公司在设计经销商持股计划的时候会考虑经销商的销售量指标，对其进行考核，经销商通过最终完成业绩指标进而持有上市公司股权，分享上市公司业绩成长带来的市值增长，而上市公司通过经销商的共同努力，冲刺销售业绩，进而提高公司利润率，进一步助力提高股价，获得双赢。

案例启示：

通过格力电器、老板电器两家制造业“头部企业”的经销商股权激励计划案例，我们可以看出股权激励的范围并不仅局限于组织架构内部，并不仅限于内部员工。特殊时候，也可以将企业的上下游经营合作伙伴纳入股权激励的范围，将大家的利益捆绑在一起，形成利益共同体。但是在制订股权激励计划的时候务必要注意内、外部股权激励计划的进入机制、退出机制、考核行权条件的区别，一定要制订符合法律规定并且适合自己企业的股权激励计划，切不可照搬照抄明星企业的股权激励计划，否则很容易达不到预期效果，还很有可能引发纠纷。

第97~98问：科技型企业相较于其他企业有什么特殊性？科技型企业股权激励计划的特点是什么？

答：科技型企业相较于其他企业有以下特殊性：一是，创新性，科技型企业的主要特点就是注重创新，需要在经营过程中不断研发新技术、开发新产品，追求技术领先。二是，资金要求高，科技型企业往往对于资金的持续性投入要求很高，因为无论是技术的持续研发、更新迭代，还是高科技人才的招募与维系，抑或将来市场的推广，都离不开大量的资金。三是，高风险高回报，科技行业发展非常快，所以对于新技术、新产品的要求也非常高，需要企业在短时间内就要投入大量资金进行研发和市场推广，并承担市场变化和技术更新的风险。当然，如果可以跟上市场的节奏，产品推陈出新，高风险也能带来高回报。四是，整体行业发展迅猛，变化快，科技领域的变化是瞬息万变的，所以需要科技型企业具备快速适应和回应市场需求的能力，这要求企业具备相对扁平化的组织结构、创新的思维方式和高效的决策机制。五是，高度依赖人才，科技型企业对高素质人才需求是比较大的，毕竟技术的优化迭代需要设备支持，更需要拥有丰富的技术知识和创新能力的专业人才。

基于以上特殊性，科技型企业实施股权激励的需求也是比较旺盛的，相较于其他行业的企业，科技型企业股权激励计划通常表现出以下特点：第一，股权激励要考虑科技企业的快速变化。科技行业竞争激烈，科技型企业的股权激励计划需要考虑到这种快速变化，以吸引和留住高素质人才，为企业持续创新和适应市场变化提供源源不断的动力。第二，激励对象不仅需要考虑高管层面，还需要重视技术人才。科技型企业的核心价值来自技术创新和专业知识。一定要把这部分技术型人才纳入股权激励对象的范围，股权激励计划应该更加重视技术人才的激励，以鼓励他们的创造力、研究能力和技术突破，将他们纳入利益共同体，从而推动企业的创新发展。第三，考虑风险投资、资本市场规则与股权激励方案相匹配。如前所述，科技型企业通常面临较高的市场风险，同时又需要大量的资金投入，所以一般来讲企业快速成长的路上不仅需要创始股东的资金投入，也需要风险投资和资本市场的支持和资金注入。因此，科技型企业的股权激励计划在考核条件层面需要将创始人承诺风险投资者的一些业绩条件分解到核心高管与技术人才层面，通过股权激励计划将大家的利益与风险捆绑在一起。第四，长期激励性。科技型企业发展周期长，研发投入巨大，产品上市可能需要多年的时间。因此，科技型企业的股权激励计划通常注重长期激励，使员工与企业持续共同成长，并分享企业未来的成功。所以一般来讲，对于科技型非上市公司来说，期权激励比较合适，鼓励核心员工与企业长期共同捆绑，分享企业未来的收益，而不仅仅着眼于当下的分红或收益。第五，股权激励的定价相对比较激进，有可能会偏离一般的定价原则。正因为科技型企业竞争激烈，对于人才的竞争自然也异常激烈，所以对于科技型企业的股权激励定价不能太高，一般偏离正常股价，会出现老股东补贴比较多的情况。

案例延展：深圳新益昌科技股份有限公司 2023 年限制性股票激励

深圳新益昌科技股份有限公司 2023 年限制性股票激励计划（节选）

深圳新益昌科技股份有限公司 2023 年限制性股票激励计划（草案）系深圳新益昌科技股份有限公司依据《中华人民共和国公司法》《中华人民共和国证券法》《上市公司股权激励管理办法》《上海证券交易所科创板股票上市规则》《科创板上市公司自律监管指南第 4 号——股权激励信息披露》等有关法律、法规、规范性文件，以及《深圳新益昌科技股份有限公司章程》的制定。

本激励计划采取的激励工具为限制性股票（第二类限制性股票）。股票来源为公司从二级市场回购的本公司 A 股普通股股票或向激励对象定向发行的本公司 A 股普通股股票。符合本激励计划授予条件的激励对象所获授的限制性股票，在满足相应归属条件后，在归属期内激励对象以授予价格分次获得公司从二级市场回购的 A 股普通股股票或公司向激励对象定向发行的本公司 A 股普通股股票。该等股票将在中国证券登记结算有限责任公司上海分公司进行登记，经证券登记结算机构登记后激励对象便享有应有的股东权利，包括但不限于分红权、配股权、投票权等；激励对象获授的限制性股票在归属前，激励对象不享有公司股东权利，且不得转让、用于担保或偿还债务等。

本激励计划拟向激励对象授予限制性股票 48.71 万股，约占本激励计划草案公告时公司总股本 10，213.36 万股的 0.48%。本激励计划为一次性授予，不设置预留限制性股票。截至本激励计划草案公告之日，公司全部有效期内的股权激励计划所涉及的标的股票总数累计未超过本激励计划提交股东大会时公司股本总额的 20.00%。本计划中任何一名激励对象通过全部在有效期内的股权激励计划获授的本公司股票，累计未超过公司股本总额的 1.00%。

在本激励计划草案公告当日至激励对象获授的限制性股票完成归属登记前，若公司发生资本公积转增股本、派送股票红利、股份拆细、配股或缩股等事宜，限制性股票的数量将根据本激励计划相关规定予以相应的调整。

本激励计划限制性股票的授予价格为 30 元/股。

在本激励计划草案公告当日至激励对象获授的限制性股票完成归属登记前，若公司发生资本公积转增股本、派送股票红利、股份拆细、配股、缩股或派息等事宜，限制性股票的授予价格将根据本激励计划相关规定予以相应的调整。

本激励计划拟授予激励对象人数共计 174 人，包括公司公告本激励计划时在本公司（含分公司及子公司）任职的中高层管理人员、骨干员工及董事会认为需要激励的其他人员，但不包括公司董事（含独立董事）、监事、高级管理人员、核心技术人员、单独或合计持有公司 5% 以上股份的股东或实际控制人及其配偶、父母、子女以及外籍员工。

本激励计划有效期自限制性股票授予之日起至激励对象获授的限制性股票全部归属或作废失效之日止，最长不超过36个月。激励对象获授的限制性股票将按约定比例分次归属，每次权益归属以满足相应的归属条件为前提条件。

公司不存在《上市公司股权激励管理办法》第7条规定的不得实行股权激励的下列情形：

（1）最近一个会计年度财务会计报告被注册会计师出具否定意见或者无法表示意见的审计报告；

（2）最近一个会计年度财务报告内部控制被注册会计师出具否定意见或无法表示意见的审计报告；

（3）上市后最近36个月内出现过未按法律法规、公司章程、公开承诺进行利润分配的情形；

（4）法律法规规定不得实行股权激励的；

（5）中国证监会认定的其他情形。

激励对象符合《上市公司股权激励管理办法》第8条、《上海证券交易所科创板股票上市规则》第10.4条的规定，不存在不得成为激励对象的下列情形：

（1）最近12个月内被证券交易所认定为不适当人选；

（2）最近12个月内被中国证监会及其派出机构认定为不适当人选；

（3）最近12个月内因重大违法违规行为被中国证监会及其派出机构行政处罚或者采取市场禁入措施；

（4）具有《公司法》规定的不得担任公司董事、高级管理人员情形的；

（5）法律法规规定不得参与上市公司股权激励的；

（6）中国证监会认定的其他情形。

根据以上的计划，这次股权激励计划限制性股票的价格与《上市公司股权激励管理办法》第23条规定的原则不同，所以需要上市公司委托第三方出具独立财务顾问报告，报告叙述：“……（二）限制性股票的授予价格的确定方法。本次激励计划限制性股票的授予价格的定价方法为自主定价，并确定为30元/股。1. 本激励计划草案公告前1个交易日公司股票交易均价（前1个交易日股票交易总额/前1个交易日股票交易总量）为每股130.88元，本次授予价格约占前1个交易日交易均价的22.92%。2. 本激励计划草案公告前20个交易日公司股票交易均价（前20个交易日股票交易总额/前20个交易日股票交易总量）为每股120.01元，本次授予价格约占前20个交易日交易均价的25.00%。3. 本激励计划草案公告前60个交易日公司股票交易均价（前60个交易日股票交易总额/前60个交易日股票交易总量）为每股110.92元，本次授予价格约占前60个交易日交易均价的27.05%。4. 本激励计划草案公告前120个交易日公司股票交易均价（前120个交易日股票交易总额/前120个交易日股票交易总量）为每股118.37元，本次授予价格约占前120个交易日交易均价的25.34%。（三）定价依据。公司本次限制性股票的授予价格采取自主定价方式，以自主定价方式确定授予价格的目的是吸引和留住优秀人才，促进公司发展、维护股东权益，基于对公司未来发展前景的信心和内在价值的认可，本着激励与约束对等的原则而定，为公司长远稳健发展提供长效激励约束机制和人才保障。公司属于智能制造装备领域的细分行业，主要从事LED、半导体、电容器、锂电池等行业智能制造装备的研发、生产和销售。智能制造装备的研发生产需要高端的复合型人才，此外，公司产品的加工、装配、安装、调试等生产环节的专业性较强，关键岗位也需要熟练技术工人。随着公司经营规模较快扩张和竞争优势的不断提升，人才的竞争日趋激烈，这就需要公司能够有效留住并吸引优秀人才，调动员工的主观能动性和创造性，从而更好地应对技术革新迭代、人才竞争等诸多方面的挑战……”

本次激励对象不包括公司董事、高级管理人员、核心技术人员、单独或合计持有公司5%以上股份的股东或实际控制人及其配偶、父母、子女以及外籍员工，为公司中高层管理人员、骨干员工及董事会认为需要激励的其他人员。本激励计划的授予权益总量为48.71万股，激励对象合计174人，人均获授数量较少。为了保证本激励计划的激励性，进一步激发激励对象的主观能动性和创造性，综合考虑了公司股份支付费用影响等因素，本激励计划采用自主定价的方式，确定授予价格为30元/股。本激励计划的定价遵循了激励约束对等原则，且激励对象未来的收益取决于公司未来业绩发展和二级市场股价，该定价体现了公司实际激励需求，有助于实现员工与公司及股东利益的深度绑定、推动激励计划的顺利实施及激励效果的最大化，具有合理性。综上，在符合相关法律法规、规范性文件的基础上，公司决定将本激励计划限制性股票的授予价格确定为30元/股。

案例启示：

深圳新益昌科技股份有限公司的股权激励计划充分体现了激励与约束对等的原则。因为整体科技行业的发展迅猛，竞争激烈，人才“抢夺战”自然也越来越白热化，所以企业在制订股权激励计划的定价方案时不能按部就班，需要根据企业的具体情况制订公允、合理、规范、适合企业自身的个性化定价方案，并且最好委托专业财务机构协助出具激励股权定价层面的意见。

第99~100问：文创类企业相较于其他企业有什么特殊性？文创类企业股权激励计划的特点是什么？

答：文创类企业相较于其他企业具有以下特殊性：（1）创意驱动，文创类企业的核心资产是创意和知识产权，其主要业务是创造、开发和经营文化艺术产品或服务。与传统企业相比，文创类企业更加注重创造独特的文化价值和艺术表达，体现了创新和创造力的重要性。（2）内容为王，文创类企业的核心竞争力在于优质的内容，包括文学作品、电影、音乐、艺术品等多种形式。所以文创类企业需要拥有一支具备专业素养和创作能力的创意团队，不断推陈出新，提供吸引人的内容产品。（3）包容创新，融合性强，文创产业的包容性极强，文化创意产业的发展要求与其他行业交叉融合，如文化产业与科技、旅游、教育等行业的融合。文创类企业需要不断探索创新的商业模式和运营方式，比如使技术与传统文化融合，推动文化创意产业的发展。

基于以上行业特点，文创类企业股权激励计划的特点包括以下几点：(1) 股权激励的需求明显，由于文创类企业的核心资产是创意和知识产权，股权激励计划可以帮助吸引和留住高素质创意人才。企业通过股权激励，可以与员工共享创造性成果的回报，激励员工持续创新和提升企业价值，所以通常文创类企业对于股权激励的需求明显。(2) 股权激励的范围层面同样不仅限于高管，还要包括创意团队，要调动创意团队的积极性，通过股权激励计划凝聚创意团队的技术力量，提升企业的整体创作能力和竞争力。(3) 文创类企业的股权激励计划往往具有一定的灵活性和个性化特点，可根据企业发展阶段、业务模式和特殊情况等因素进行设计。例如，可以设置不同激励模式、股权比例、激励期限和激励条件，以满足企业和员工的长短期实际需求，比如在企业现金流充沛的情况下，暂时先使用虚拟股权过渡，待企业与核心员工磨合之后再实行实股激励。总体而言，文创类企业的特殊性决定了其股权激励计划需要更加注重创新性、灵活性、个性化。

案例延展：泡泡玛特的股权激励计划

泡泡玛特国际集团有限公司（在开曼群岛注册成立的有限公司）

（股份代号：9992）

根据首次公开发售后股份奖励计划授出奖励：公司董事会宣布，于2023年7月7日，公司根据首次公开发售后股份奖励计划的条款向3名承授人授出代表相同数量相关股份的68, 709份奖励。

授出奖励之购买价：无。

股份于授出日期之收市价：每股股份17. 38港元。

奖励之归属期：

(1) 59, 232份奖励应按照以下归属：

·50%应于授出日期第二个周年当日归属；

·25%应于授出日期第三个周年当日归属；

·25%应于授出日期第四个周年当日归属。

（2）9477份奖励应按照以下归属：

·50%应于2025年5月16日归属；

·25%应于2026年5月16日归属；

·25%应于2027年5月16日归属。

表现目标：就各承授人而言，于各个归属日期归属的奖励取决于承授人于相关归属日期前的绩效评估是否达到规定的阈值。

回拨机制：倘选定参加者（1）作为雇员参与者或关联实体参与者，由于雇主在并无作出通知或付款代替通知的情况下终止雇佣合约，其雇用被本集团或关联实体终止；（2）被裁定触犯涉及其诚信或诚实的任何刑事罪行或任何涉及本集团财务报表的不当行为；（3）违反各自奖励函的任何契约，任何发行在外尚未归属的奖励股份及相关收入将自动失效，除非董事会或计划管理人全权酌情另行厘定，且本公司应有权向选定参与者追索：①收回出售相关已归属奖励股份的所有所得款项；②扣押或没收所有已归属奖励股份。

授出奖励之理由：授出奖励旨在奖励承授人的过往表现及对本集团的贡献，透过持有股份、股息及其他股份分派及/或股份价值的增加，令承授人的利益与本集团的利益保持一致，并鼓励及挽留承授人为本集团的长期增长及溢利作出贡献。

附　录

附录 1：股权体检

一、前言

对公司而言，股权背后连接公司的资源配置、利益分配与公司治理，也代表着共创、共担、共享的创业文化。股权设计是公司的顶层制度设计，至关重要。如果您愿意参加本次股权体检服务，代表您十分认同股权的重要性，恭喜您，迈出了第一步。

这里我们需要说明的是，本次股权体检服务主要针对轻资产公司，针对创业初期的有限责任公司，更多考虑的是人力资本的问题。为此我们为您准备了股权体检问题清单，问题清单主要围绕股权的进入机制、调整机制、控制权设计机制、议事机制、约束机制、退出机制这 6 个方面展开。基于您的选择，出具相应的股权专项体检报告，并提供相应意见，供您参考。

二、问题

1. 您目前在公司的身份是？

a. 创始人　　b. 合伙人　　c. 投资人

2. 公司创始股东的人数？

a. 1 人　　b. 3 人以内　　c. 4 ~ 5 人　　d. 5 人以上

3. 公司创始股东之间磨合关系的时间？

a. 6 个月以下　　b. 6 个月 ~ 1 年　　c. 1 年以上

4. 公司注册资本有无实缴或部分实缴？

a. 有　　b. 没有

5. 创始股东之间是否有预留股权或者未来股权激励的约定？

a. 有　　b. 没有

6. 公司创始人拥有的股权比例（表决权比例）是多少？

a. 1/3 以下　　b. 1/3 ~ 1/ 2　　c. 1/2 ~ 2/3　　d. 2/3 以上

7. 公司是否对控制权作出特殊安排？比如签署股权代持，一致行动人协议、表决权委托等法律文件？

a. 有　　b. 没有

8. 公司章程对于股东会/董事会/经理职权、议事规则有无特殊约定？

a. 有　　b. 没有

9. 全职股东是否签署竞业限制协议、保密协议？

a. 有　　b. 没有

10. 全职股东有无约定离职股权退出机制？

a. 有　　b. 没有

11. 全职股东有无约定离婚股权调整退出机制？

a. 有　　b. 没有

三、结果

健康 80 分以上　较健康 70 ~ 80 分　亚健康 60 ~ 70 分　不健康 60 分以下

四、结果解读

进入机制——人力资本时代，人的创造性是第一位的。股权的进入机制就是合伙人的选择，什么样的人可以成为共同创业的合伙人？合伙人画像至少应当符合：互相信任，能力互补，全职出力，必须出资。同时，我们认为前期创业，不是谁都可以成为合伙人，要区分合伙人和早期员工，切忌用兄弟情谊去追求商业利益，要以商业利益去追求兄弟情谊，所以早期创业股东人数不宜过多。

调整机制——企业在变，人在变，人的能力和贡献也在变，万事万物都在变化，股权一成不变不可取。股权的动态调整机制目前已经被绝大多数创业者接受，我们认为在创业初期的法律文件中应当加入预留股权或股权激励的相关条款，为未来股权的调整留下空间，避免股东争议。

控制权设计机制——华为基本法认为企业家、资本、劳动、知识创造了企业的价值。我们也认为企业家精神是最大的人力资本，确保具有企业家精神的创始人对企业的控制权，对于企业的发展、壮大具有不可替代的关键作用。创始人要重视自身的控制权，根据企业的具体情形来设计股权比例、表决权比例以及其他控制权机制。

治理架构和议事机制——合伙创业不能儿戏，切记不能以江湖的方式处理问题。既然决定合作，就要有明确的合作规则、治理架构和议事规则。比如股东会、董事会、监事的职权，经理的权利和责任等，不能流于纸面，先期约定，有备无患。

知识产权归属及约束机制——合伙人为了理想也好，为了实现人生价值也好，放弃稳定的工作和收入投入全部的资金、人力和资源共同创业实属难能可贵。为了更好地团结在一起，为了大家的共同利益，创业公司的利益，我们倡导要约定清楚知识产权的归属以及保密约定和不竞争规则，杜绝个人利益高于企业利益和集体利益，否则创业越成功，越危险。

退出机制——股权的退出机制一直容易被大家忽视，创业者总觉得一开始创业就谈退出不合适，往往认为等到创业成功或者至少看到利益的时候再谈退出比较妥当。这是大大的误区，如果先期不约定清楚退出机制，后续出现问题轻则引发股东争议；重则影响创业项目，前期的努力付诸东流。所以股权的退出机制一定要在创业之初约定清楚，比如退出的情形，退出的价格，退出的规则。创始人和合伙人应共同参与，共同遵守。

附录2：股权期权授予协议

甲　方：某某有限公司
法定代表人或代理人：

乙　方（成员姓名）：
公民身份号码：

鉴于乙方已满足甲方授予期权的条件，甲、乙双方本着自愿、公平的原则，根据我国《民法典》《公司法》《公司章程》《公司期权激励管理办法》及其他相关法律法规和公司制度之规定，就授予乙方股权期权等有关事项达成如下协议：

1. 基本定义

1.1　本协议所称的股权期权，是指以约定价格授予乙方购买一定公司股权的权利。

1.2　分红权指按照所持有的股权期权对应股权比例获取公司利润分配的权利。

1.3　行权价格指行权时，乙方所支付给公司每股价格。

2. 授予内容

2.1　预期公司总股本为××××××股。

2.2　授予股权期权，自本协议生效之日起，甲方授予乙方××××股期权；每股价值将根据企业规模等比例上升。

2.3　行权价格，本次股权行权总价格为人民币××元。

3. 乙方获得的权利

3.1　分红权，即乙方出资行权后即可参与甲方分红，具体分配方案由甲方股东会按规定程序决定。

3.2　认购权，即乙方获得期权后依照本协议中的行权条款，可在相应的条件下认购股权。

3.3　查阅权，即乙方出资行权后在经得甲方股东会同意后，可以查阅甲方报表等对外披露的资料。

3.4　请求权，即乙方已具有分红资格在未得到应得的分红后，可以在甲方红利分配方案公布10日内，向甲方股东会提出异议，要求参与分配。

3.5　表决权，即乙方行权后出席＿＿＿＿＿＿＿＿管理合伙企业（有限合伙）合伙人会议并依据有限合伙协议进行表决的权利。经甲方股东会同意，乙方在获得期权后可以列席甲方年度股东会会议。

4. 股权期权成熟

4.1　自本协议签署之日起3年内，乙方被授予的股权期权按4.2的成熟时间表成熟完毕。因考核等在成熟期满后不可行权的部分自动失效。

4.2　股权期权成熟时间：

序号	成熟时间	成熟期权比例	成熟股权期权数/元 （授予期权总数×成熟期权比例）
1	协议生效满一年	30%	
2	协议生效满两年	30%	
3	协议生效满三年	40%	

4.3　甲方董事会在股权授予有效期内按年度对激励对象进行考核，依据激励对象完成指标情况按照下表对其本年度可行权的股权期权进行确认：

激励对象完成当年考核指标百分比	当年可行权股权期权百分比	当年可行权股权期权数额
90% ~100%	100%	当年成熟股权期权数×100%
80% ~90%	90%	当年成熟股权期权数×90%
70% ~80%	80%	当年成熟股权期权数×80%
60% ~70%	70%	当年成熟股权期权数×70%
50% ~60%	60%	当年成熟股权期权数×60%
50%以下	0	0

5. 股权期权取消

5.1 如发生以下情况之一，未成熟部分的期权自动取消；已成熟未行权股权期权甲方有权（但无当然义务）安排按照合理的价格予以回购，收购价格为甲方前12个月平均股权价格与授予乙方的行权价格之差额部分；已成熟并已全部行权的股权甲方有权（但无当然义务）安排按照甲方前12个月平均股权价格予以收购：

（1）乙方因自身原因不能履行职务或离职的，包括但不限于疾病离岗、死亡、丧失民事行为能力等；

（2）乙方非因故意或重大过失被甲方解聘的。

5.2 乙方有以下情形之一的，经甲方股权激励工作小组决议，依照甲方股权期权激励对象的确定与调整流程，取消其授予资格。已成熟但未行权的股权期权由甲方安排无对价强制收回；未成熟部分的股权期权自动取消；已成熟并已全部行权的股权甲方有权安排按照激励对象的原始出资价扣减给甲方造成损失的价格予以回购：

（1）违反国家法律、法规，情节严重而被判定承担任何刑事责任，严重损害公司利益的；

（2）甲方有足够证据证明激励对象在任职期间，存在泄露甲方秘密、损害甲方声誉等行为，给甲方造成重大损失的；

（3）严重失职、渎职给甲方造成重大损失的；

（4）乙方因故意或重大过失而被甲方解聘的；

（5）直接或间接拥有、管理、经营、控制与甲方所从事业务相类似或相竞争的业务的；

（6）其他严重损害公司利益的问题。

5.3　甲方因本协议第5.1、5.2条回购并取消乙方股权期权的，自甲方股权激励工作小组作出书面决定之日起生效。本协议依据甲方股权激励工作小组决议而自动失效。除无对价强制收回股权期权的情形外，甲方与乙方应完成股权期权的结算。

6. 股权期权回购及调整

6.1　在本协议有效执行期内，遇到甲方整体或部分被收购的，乙方尚未成熟的股权期权停止行权，已成熟的股权期权可以要求立即兑现，兑现价格按照甲方公司股权被收购的每股价格计算。

6.2　在本协议执行期内，遇到甲方增资、分立等影响激励计划的事项时，由甲方股权激励工作小组本着公平、公正的原则对激励计划进行调整。

6.3 在授予期限内，若甲方上市，则乙方所获得的股权期权，均转为股票期权，具体转换方案、比例及价格，由甲方股东会根据国家有关法律法规以及证券交易所的规则另行规定。

7. 股权期权的分红

7.1　股权期权分红

自乙方出资行权之日起，激励对象按照股权期权对应的甲方持股比例享有公司分红的权利。甲方直接以现金方式向乙方进行分红（个人所得税由乙方承担）。具体分红方案由甲方股东会决定。

8. 权利限制

8.1　乙方在任职期间以及离职后出售股权，甲方或甲方实际控制人具有优先购买权，价格按照甲方前12个月平均每股价格进行计算，但是甲方依据本协议第5.2条可以行使无对价强制收回股权或者期权的权利。

8.2　乙方不得以任何方式将甲方股权期权及股权用设定抵押、质押、担保、交换、还债、赠与、继承（乙方的继承人仅能继承股权财产权益，不能继承股东资格）等方式导致股权或者期权转移。

9. 股权期权的行权

9.1 股权期权的行权按照下面的流程进行。

步骤1：在股权期权的计划行权期，即股权成熟期满后的3个月内由激励对象向股权激励工作小组书面提出将自己所成熟的股权期权进行行权的申请；若激励对象未提出行权申请，即视为激励对象放弃该部分股权期权，该股权期权由公司收回，激励对象不得再主张与该股权期权相关的任何权利。

步骤2：股权激励工作小组收到激励对象的书面申请后15日内予以审核，由股权激励工作小组向激励对象发出行权通知，通知内容包括激励对象可行权的股权期权数额、行权价格、应交款项等。

步骤3：股权激励工作小组执行行权操作，股权激励工作小组操作完成后将操作结果上报给股东会备案。

9.2 行权价格：乙方按照股权期权授予协议约定的价格进行行权。

9.3 行权完毕后，乙方除享有分红权外，享有在＿＿＿＿＿＿管理合伙企业（有限合伙）的表决权及其他依照有限合伙协议享有的权利。

10. 特别约定

10.1 乙方理解并知晓本协议仅作为甲方股权融资前股权激励适用，若甲方后续进行股权融资后，需要重新调整股权期权池，本协议相关条款自动失效。甲方有权单方对本协议中所涉股权进行重新分配，届时双方将重新签订生效补充协议，甲方承诺重新分配后乙方所获的股权实际价值不低于本次股权激励授予的股权价值。

10.2 在本协议有效期内，甲方根据发展需要，作出增资、合并、分立或重大收购行为导致甲方总股本发生变化的，乙方所持的期权比例亦作相应变化，但乙方所获得期权数量不受影响；甲方应及时将股权变动情况告知乙方，并有权根据总股本变动的情况决定是否增加乙方所持的期权。

10.3 激励对象在行权后离职的，自离职之日起18个月内（自劳动关系解除之日起计算）不得到与甲方有竞争关系的单位就职，不得自办与甲方有竞争关系的企业或者从事与甲方商业秘密有关的产品的生产、经营，但最后一次行权后满2年才离职的除外。若违反本款，激励对象应当将其因行权所得全部收益返还给公司，并承担与其行权所得收益同等金额的违约金，给甲方造成损失的，还应同时向甲方承担赔偿责任。

11. 特别注意事项

11.1　本次期权授予是甲方内部管理行为，本协议的生效并不意味着乙方同时获得甲方对其持续雇佣的任何承诺，乙方与甲方的劳动关系，依照《劳动合同法》以及乙方与甲方签订生效的劳动合同办理。

11.2　未经甲方许可，乙方不得将本协议有关条款泄露给任何第三方，否则甲方有权解除本协议并收回已经授予的股权及期权。

12. 免责声明

属于下列情形之一的，甲、乙双方均不承担违约责任：

（1）甲、乙双方签订本股权期权授予协议是依照协议生效时的国家现行政策、法律法规制定的。如果本协议履行过程中遇法律、政策等的变化致使甲方无法履行本协议，甲方不负任何法律责任。

（2）本协议约定的行权期到来之前或者乙方尚未实际行使股权认购权，甲方因破产、解散、注销、吊销营业执照等原因丧失民事主体资格或者不能继续营业的，本协议可不再履行。

（3）甲方因并购、重组、改制、分立、合并、注册资本增减等原因致使甲方实际控制人发生改变的，本协议可不再履行。

13. 争议解决

13.1　乙方已充分阅读本协议的全部条款，并已知悉甲方的相关制度（包括现行的以及在本协议履行中未来新增的制度），若对本协议条款有疑问，应根据甲方的制度进行解释。

13.2　如协议履行中出现争议，应按协议条款及甲方有关制度进行协商解决，协商不成的，任意一方有权向甲方所在地人民法院起诉。

14. 通知

甲方指定联系人： 乙方指定联系人：

通信地址： 通信地址：

电子邮箱： 电子邮箱：

15. 附则

15.1 本协议一式两份，双方各执一份，经双方签字盖章后生效。

15.2 甲、乙双方根据相关税务法律的规定承担与本协议相关的纳税义务。

15.3 本协议未尽事宜由双方另行签订补充协议，补充协议与本协议具有同等效力。

15.4 本次期权协议生效后，并不影响乙方继续获得期权，未来若继续授予乙方期权，双方应签订补充协议。

（本页以下无正文，为签署页）

本页为某某有限公司关于股权期权授予协议之签字页

签约各方已完全理解本协议的法律含义，并承诺遵守本协议之规定享有权利及履行义务。

甲　方：某某有限公司（盖章）

授权代表：

日　期：

乙　方：（签名）

公民身份号码：

日　期：

附录3：股权期权行权申请书

__________有限公司：

本人截至目前持有公司股权共计_______股，其中：_______年___月___日授予的期权行权股，_______年___月___日授予的期权行权股，_______年___月___日授予的期权行权股。根据公司的有关规定，本人现有___股已符合行权条件，在此谨向公司申请如下：本人申请于_______年___月___日按照___元/股的行权价格购买公司___股股份，折合股权比例为_______。

提交材料清单：

申请人：

日期：　　　年　　月　　日

附录4：股权期权行权通知书

先生/女士：

________年____月____日，您向我司提交的《股权期权行权申请书》收悉，经审核，就您本次期权行权事项通知如下：

姓名：

性别：

公民身份号码：

工作证号（如有）：

期权证书号：

继承人情况：

本次期权行权数：

本次行权价格：

应交纳款项（人民币）：

本次行权截止日期：

其他事项：

请持本通知到公司____处办理相关手续。

________有限公司董事会

年　　月　　日

附录5：虚拟股权激励成套文本使用说明

股权激励体现了老板、企业家的智慧，创造了企业的利益共同体，有利于企业长期和可持续发展。在企业发展的道路上，对人的持续激励尤为重要。

虚拟股权的发放不影响公司的总资本和股权架构，持有人通过自身的努力去参与企业利润的分配，公司业绩越好，其收益越多，将企业的利益、创始人的利益、员工的利益有机统一。同时，虚拟股权激励方式操作方便，无须变更工商登记，一般只要内部设计好管理制度和激励协议即可。但是，虚拟股权的获得者可能过分重视分红，比较关注企业的短期利益，导致公司的现金支付压力相对较大，以上就是虚拟股权的利弊。

本套股权激励的文本主要关注事业合伙人计划，即虚拟股权的激励模式。包含了事业合伙人管理办法、事业合伙人协议、董事会决议、事业合伙人证书四份法律文本，基本涵盖了虚拟股权激励相关的全套法律文本。股权激励方案设计过程中，并不仅仅涉及法律文本，正如本书的观点，一般股权激励流程分为激励需求调查、激励方案设计、激励方案实施和激励方案调整，每个阶段都有相应的工作内容和工作成果。故建议各位企业家在具体实施股权激励时，委托专业律师提供专业的成套股权激励服务，以期达到最优化、最适合的效果。

虚拟股权激励成套文本之

事业合伙人管理办法

第一章　释　　义

以下词语如无特殊说明，在本文中具有如下含义：

某某公司、本公司、公司	指	某某________有限公司
本激励管理办法、本管理办法	指	某某________有限公司事业合伙人管理办法
激励对象/事业合伙人	指	按照本管理办法规定获得股票的人员
股票	指	公司授予事业合伙人的虚拟股权
授予日	指	公司向激励对象授予股票的日期
《公司法》	指	《中华人民共和国公司法》
《公司章程》	指	《某某________有限公司章程》
股东会、董事会	指	某某________有限公司股东会、某某________有限公司董事会
激励委员会	指	某某________有限公司激励委员会
元	指	人民币/元

第二章　实施股权激励的目的

实施激励计划是为了促进公司建立、健全中长期激励体系，充分调动公司中高级管理人员的积极性，有效地将股东利益、公司利益和员工个人利益结合在一起，实现员工与公司共同可持续发展。

第三章　股权激励的管理机构

1. 股东会或股东会授权的董事会负责本管理办法的批准、变更和终止。

2. 股东会或股东会授权的董事会是本事业合伙人管理办法的管理机构，下设执行机构激励委员会，激励委员会成员由股东会或董事会决议产生。

3. 股东会或股东会授权董事会负责拟订和修订本事业合伙人管理办法，激励委员会落实本办法的日常实施和管理。

4. 激励委员会负责提请激励对象的名单及对应激励内容，并对本管理办法的实施是否符合相关法律、行政法规和部门规章及《公司章程》、公司制度进行监督。

第四章　事业合伙人激励对象

一、激励对象的确定依据

1. 激励对象确定的法律依据

本办法涉及的激励对象根据《公司法》等有关法律、法规、规范性文件和《公司章程》的相关规定，结合公司实际情况而确定。

2. 激励对象确定的依据

可以和公司共同发展、为公司创造价值的优秀核心员工。

二、激励对象的范围

详见附件。

第五章　激励计划的具体内容

本办法涉及的激励标的为公司的虚拟股票，公司每年____月确定优秀核心员工成为事业合伙人参与当期事业合伙人计划，每个激励对象同一时间仅可参与一期计划。

一、激励计划涉及的股票来源

事业合伙人计划的股票来源为公司的虚拟股票，但每股所占公司股权比例和实股相对应。

二、激励涉及的股票数量和分配

公司总股本为________万股，占公司股权比例100%。

事业合伙人的股票分配参考激励对象的职级、司龄、历史贡献、未来价值等诸多因素而定，激励对象的股票分配情况详见附件。

公司与每个激励对象应签署《________有限公司事业合伙人协议》，其中应载明公司授予此激励对象的股票的具体数量。

三、激励计划的授予日、激励周期

1. 授予日

公司股东会或股东会授权的董事会决议确定向激励对象授予股票之日，每年授予日定在____月，具体时间由公司激励委员会确定。

首期激励计划的授予日为________年____月____日。

2. 激励周期

每期激励计划的激励周期为____个月。自授予日起____个月之后，当期激励对象全部退出。

首批激励计划的激励周期为________年____月____日至________年____月____日。

第六章　激励计划的收益分配及来源

在激励周期内，激励对象根据公司业绩和个人考核结果每年获得分红收益；激励周期结束后，激励对象根据公司业绩和个人考核结果一次性获取增值收益。

一、分红收益

激励对象自获授股票第二年起开始获得分红收益，直至激励周期截止的最后一年。首批激励计划的激励周期为________年____月____日至________年____月____日，激励对象可获得________年、________年、________年和________年的分红收益。

股东会或股东会授权董事会在上一年年底确定公司当年的利润基准目标，若能达成此基准目标，则提取超额利润的 a% 作为分红池，个人考核合格的激励对象根据股数所占比例获取分红。

事业合伙人分红收益 = 每股分红 × 获授股数

每股分红 = 分红池总额 ÷ 总股本

分红池总额 = （实际完成利润值 - 利润基准目标） × a%

二、增值收益

当激励计划到期后，若公司达成既定的业绩目标，事业合伙人 4 年内每年个人考核均合格者可享受增值收益。

增值计算及相关规定如下：

事业合伙人增值收益 = 获授股数 × 初始获授股价 × b

获授股数：事业合伙人在计划开始时获得的股数。

初始获授股价：计划开始时确定的每股价格，首批计划为 1 元/股。

b：固定收益率，由周期结束时根据公司业绩完成情况而定。

其中，首期激励计划中：________。

第七章　公司实施激励计划的程序

一、实施激励计划的程序

1. 股东会或股东会授权的董事会负责拟订本激励管理办法。

2. 激励委员会提交激励对象名单，股东会或股东会授权董事会审核并确认名单。

3. 激励委员会根据股东会或董事会授权办理股票的授予、登记等事宜。

二、股票的授予程序

1. 激励委员会负责拟订并执行股票的授予方案。

2. 激励委员会应在股东会或董事会确认名单后一个月内，安排激励对象与公司签署《________有限公司事业合伙人协议》或其他必要法律文件。

三、股票收益的确定程序

1. 股东会或股东会授权董事会根据公司发展情况设定当年的净利润基准目标。

2. 年底根据实际利润达成值提取超额利润分红池，激励委员会确定每个人的分红收益。

3. 公司将分红收益资金依法支付给激励对象。

4. 在激励周期结束后，根据公司业绩完成情况，激励委员会确定每个人的增值收益。

5. 公司将增值收益资金依法支付给激励对象。

第八章　公司与激励对象各自的权利义务

一、公司的权利与义务

1. 公司具有对本计划的解释和执行权，对激励对象进行绩效考核，并监督和审核激励对象是否具有继续持有股票的资格。

2. 公司根据国家税收有关规定，代扣代缴激励对象应缴纳的个人所得税及其他相关税费。

3. 公司应每年公示当年的净利润基准目标，并在第二年公示净利润实际值和分红池大小，确保分红的公开和公正。

4. 公司应在每期激励计划伊始，确定计划周期结束时的业绩目标。

5. 公司应负责安排对激励对象分红收益以及增值收益的支付。

6. 法律法规规定的其他相关权利义务。

二、激励对象的权利与义务

1. 激励对象应当按公司所聘岗位的要求，勤勉尽责、恪守职业道德，为公司的发展作出应有贡献。

2. 激励对象获授的股票不得进行转让，也不得用于担保或偿还债务。

3. 激励对象获授的股票权益不与其他任何人共享。

4. 激励对象因激励计划获得的收益，应按国家税收法规交纳个人所得税及其他相关税费。

5. 法律法规规定的其他相关权利义务。

第九章　激励计划变更及终止

一、公司出现下列情形之一时，可根据实际情况对激励计划作相应调整或终止激励计划

1. 当公司控制权变更，本管理办法继续实施。原实际控制人应在股权转让协议（或其他导致控制权变更的协议）中约定新控股股东保证本管理办法不变化，直至最近一期激励计划周期结束，并且将此约定作为协议不可分割的部分。

2. 公司发生合并、分立等事项并导致公司解散的，激励计划终止。公司发生合并、分立等事项而公司未解散的，由股东会或股东会授权董事会根据实际情况决定激励计划是否继续进行。

3. 公司因经营不善导致破产解散的，激励计划终止。

二、激励对象个人情况发生变化

发生以下情况的激励对象，股东会或股东会授权董事会取消其事业合伙人资格，并没收其获授的股票：

（1）激励对象因重大过失等原因对公司造成重大损失。

（2）激励对象降职，不再满足事业合伙人的要求。

（3）激励对象连续两个考核周期考核不合格。

（4）激励对象离职。

（5）其他激励委员会认为激励对象不再符合事业合伙人要求的情况。

附　　则

本办法如与国家颁布的相关法律、法规发生冲突，由股东会或股东会授权董事会负责对相关条款进行修改。

在本激励计划的周期内，如相关法律法规发生修订，则股东会或股东会授权董事会有权对激励计划进行相应调整。

本办法自股东会或股东会授权董事会审议通过之日起开始实施。

有限责任公司

年　　月　　日

附　　件

本附件为《________有限责任公司之事业合伙人管理办法》（以下简称《管理办法》）组成部分，对《管理办法》主体的第四章第二条和第五章第二条明确如下：

1. 第一期激励计划拟向________位激励对象授予股票________万股，标的为某某的虚拟股票，约占本激励计划签署时公司总股本________万股的____%。

2. 本计划首次的股票分配详见下表。

序号	姓名	股票数/万股
1		
2		
3		
4		
5		
6		
7		
8		

虚拟股权激励成套文本之

有限公司事业合伙人协议

甲　方：

统一社会信用代码：

乙　方：

公民身份号码：

甲、乙双方本着自愿、公平、平等互利、诚实信用的原则，根据《中华人民共和国民法典》、《中华人民共和国公司法》（以下简称《公司法》）、《__________有限公司公司章程》（以下简称《公司章程》）、《__________有限公司事业合伙人管理办法》（以下简称《管理办法》）以及其他相关法律法规的规定，就__________有限公司事业合伙人的股票获取、激励周期、收益等有关事项达成如下协议：

1. 双方关系

鉴于乙方系甲方优秀核心员工，并承担____岗位（以下简称本岗位）的职责。为推动甲方业务快速发展，甲方对乙方实施事业合伙人激励计划，以激励乙方恪尽职守、积极向上，为甲方创造更高价值。双方基于平等协商的基础上，制定本协议，共同遵守本协议中的所有条款。

2. 股票数量及形式

甲方授予乙方一共____万股股票，股票来源为甲方的虚拟股权，但每股所占公司股权比例和实股相对应。

截至本协议签订之日，甲方总股本为____万股，占甲方股权比例100%，若甲方在未来出现增资扩股的情形，乙方所持股数不变。

3. 激励计划的授予日、激励周期

3.1　授予日

本次激励计划的授予日为________。

3.2　激励周期

本次激励计划的激励周期为________至________，周期结束后甲方收回乙方所持股票。

4. 激励计划的收益

在激励周期内，乙方根据甲方确定的公司业绩和个人考核结果每年获得分红收益；激励周期结束后，乙方根据甲方确定的公司业绩和个人考核结果一次性获取增值收益。

4.1　分红收益

甲方在每年年底告知乙方第二年的净利润基准目标，根据如下公式计算出乙方每年的分红收益：

事业合伙人分红收益 = 每股分红 × 获授股数

每股分红 = 分红池总额 ÷ 总股本

分红池总额 = （实际完成利润值 − 利润基准目标） × a%

4.2　增值收益

当激励周期结束后，在乙方个人考核合格的前提下，根据以下公式计算个人增值收益：

事业合伙人增值收益 = 获授股数 × 初始获授股价 × b

获授股数：乙方所持有的股票数量。

初始获授股价：本次激励计划的获授股价为____。

b：固定收益率，取值按照____年净利润完成情况确定。

5. 激励计划的退出

5.1　期满退出

激励周期结束后，乙方自然退出，甲方收回乙方获授全部股票，并根据本协议第四条规定获取增值收益。

5.2　离职退出

乙方若在激励周期内离职，甲方收回乙方获授的全部股票，且乙方不享有增值收益，不兑现当期分红。

5.3　降职或考核不合格

乙方因降职而不再满足事业合伙人的要求，或者乙方连续两个考核周期考核不合格，甲方收回乙方获授的全部股票，且乙方不享有增值收益，甲方不兑现当期分红。

5.4　乙方发生如下情形之一的，甲方没收乙方持有的股票，且乙方需退还所有由股票获得的收益。乙方如给甲方造成损失，应向甲方进行赔偿。

（1）擅自转让、质押、信托或以其他任何方式处分其持有的甲方股票；

（2）严重违反甲方规章制度或职业道德，泄露公司机密，严重失职，营私舞弊，给公司造成重大损害的；

（3）自营、与他人合营或为他人经营与甲方业务相同或相似的业务；

（4）存在其他严重损害公司利益和声誉的行为。

5.5　《管理办法》第九章规定的其他情形，根据《管理办法》规定处理。

6. 保密义务

6.1　本协议任何一方对从相对方获得的，有关该方业务、财务、人事等相关信息以及其他保密事项与专有资料（以下简称保密资料）应当予以保密；除对履行其工作职责而需知道上述保密资料的甲方指定雇员和外部顾问外（并且这些人或实体应首先以书面形式承诺保守该等资料的保密性），不得向任何人或实体透露保密资料。

6.2　在法律有明确要求的情况下，可以把资料透露给政府或有关机构和部门。但是，被要求作出上述透露的一方，应在进行上述透露前，把该要求及其条款通知对方。

6.3　乙方不得将本协议内容以及个人获取股权比例、股权收益等激励有关信息，向任何第三方透露，包括但不限于内部员工，外部投资个人或机构等。

7. 违约责任

7.1　乙方若违反本协议条款，将承担因此而产生的一切经济责任和法律责任，并赔偿由于违反该项陈述和保证而给甲方及其他合伙人各方造成的任何损失。

7.2　甲方应按本协议第四条的约定，及时通知乙方相关业绩目标，并在每年及激励周期结束后向乙方支付相关收益。

8. 争议的解决

凡因履行本协议而发生的一切争议，各方首先应争取通过友好协商的方式加以解决。如果该项争议在开始协商后90日内未能解决，则任何一方均可向________仲裁委员会申请仲裁。

在对争议进行仲裁时，除争议事项外，各方应继续行使各自在本协议项下的其他权利，并应继续履行各自在本协议项下的其他义务。

9. 协议的生效及其他

9.1　本协议经双方签字、盖章之日起生效。乙方确认，在签署本协议时，已阅读并接受《管理办法》所述内容。乙方作为《管理办法》中的激励对象，接受《管理办法》对激励对象的要求和约束。

9.2 对本协议的任何修改和补充应以书面形式制作补充协议，补充协议与本协议具有同等法律效力。不一致之处，以补充协议为准。

9.3 本协议任何条款的无效性不影响其他条款的有效性。

9.4 本协议一式两份，甲、乙双方各执一份。

9.5 本协议书自双方签字盖章之日起生效。

签署时间：　　　　年　　月　　日

甲方（盖章）：

联系人：

联系方式：

地址：

乙方（签字）：

联系人：

联系方式：

地址：

虚拟股权激励成套文本之

有限公司董事会决议

鉴于：

1. ________有限公司（以下简称公司）的全体股东已于________年____月____日一致决议通过《________有限公司事业合伙人管理办法》（以下简称《事业合伙人管理办法》）。

2. 根据上述决议，公司全体股东已授权公司董事会或其指定的人员或机构作为管理人管理和解释上述《事业合伙人管理办法》，包括但不限于确定股权激励对象（股权激励计划下的合格人员）、授予数额及激励计划的收益分配和来源等事宜。

根据《中华人民共和国公司法》和公司章程的有关规定，公司的全体董事，于________年____月____日达成了一致意见，决议如下：

（1）本决议附件激励对象名单所列的人员作为合格人员有权依据《事业合伙人管理办法》签署事业合伙人协议，本公司董事会或管理人有权对激励对象及激励数额进行最终确认和调整；

（2）特此授权________与激励对象签署《事业合伙人管理办法》及有关的法律文件，并授权公司法定代表人或其指定的人员办理与上述文件相关的一切必要事宜。

董事签字：

姓名：

董事签字：

姓名：

董事签字：

姓名：

附件：激励对象名单

本次授予激励对象的利润分配权数量____股，具体分配情况如下：

序号	姓名	公民身份号码	拟授予虚拟股数	职位

虚拟股权激励成套文本之

事业合伙人证书

根据《____________公司事业合伙人管理办法》，(公民身份号码：____________________) 被选入公司事业合伙人，兹授予____万股公司股票，股票来源为公司的虚拟股权，但每股所占公司股权比例和实股相对应。

特此证明！

签署时间：　　　　　年　　月　　日

公司董事会

授权代表：

附录6：限制性股权激励协议

甲方：

地址：

法定代表人：

乙方：

公民身份号码：

住址：

联系电话：

根据我国《民法典》《公司法》的有关规定，本着自愿、公平、平等互利、诚实信用的原则，甲、乙双方就以下有关股权激励事项达成如下框架协议。

一、本协议书的前提条件

乙方在________年____月____日前到岗甲方，担任________一职。

二、限制性股权的授予和考核

2.1　甲方注册资本为________万元，授予的乙方限制性股权为注册资本的________%。

2.2　授予价格，本次股权激励授予价格为人民币________元。

2.3　甲方董事会按照具体业绩考核方案对乙方进行考核，并根据考核结果解锁乙方相应的限制性股权数量。

三、限制性股权的权利与限制

3.1　本协议的限制性股权的锁定期为四年，期间为________年____月

____日至________年____月____日。

3.2 乙方持有的限制性股权在锁定期间享有相应的分红权益。

3.3 乙方持有的限制性股权在锁定期间不得以转让、出售、交换、赠与、抵押、质押、担保、偿还债务、继承（乙方的继承人仅能继承股权财产权益，不能继承股东资格）等方式导致股权或者限制性股权转移。

3.4 在本协议执行期内，遇到甲方增资、分立等影响激励计划的事项时，由甲方本着公平、公正的原则对乙方的限制性股权进行调整。

3.5 乙方的限制性股权解锁以后，乙方在任职期间以及离职后出售股权，甲方具有优先购买权，价格为甲方上一年经审计的净资产对应的股权价格，但是甲方依据本协议第4.2条可以行使无对价强制收回股权或者限制性股权的除外。

3.6 在锁定期限内，若甲方整体上市，则乙方所获得的限制性股权均转为限制性股票，具体转换方案、比例及价格，由甲方股东会根据国家有关法律法规以及证券交易所的规则另行规定。

3.7 乙方在限制性股权全部解锁后离职的，自离职之日起18个月（自劳动关系解除之日起计算）不得到与甲方有竞争关系的单位就职，不得自办与甲方有竞争关系的企业或者从事与甲方商业秘密有关的产品的生产经营，但最后一批限制性股权解锁后满两年才离职的除外。若违反本条款，乙方应当将其因本次股权激励所得全部收益返还给甲方，并承担与其所得收益同等金额的违约金，若给甲方造成损失，还应同时向甲方承担赔偿责任。

四、限制性股权的回购

4.1 乙方的限制性股权未完全解锁之前，如发生以下三种情况之一，未解锁的限制性股权按照授予价格由甲方回购，已解锁的限制性股权由甲方按照合理的价格予以回购，回购价格为甲方上一年经审计的净资产对应的股权价格：

（1）乙方因自身原因主动从甲方离职的（自营或从事与甲方业务相似或相竞争的情形除外）；

（2）乙方因自身原因不能履行职务的，包括但不限于疾病离岗、死亡、丧失民事行为能力等；

（3）乙方非因故意或重大过失被甲方解聘的。

4.2　乙方有以下情形之一的，不论乙方的限制性股权是否解锁完毕，甲方均有权对乙方的限制性股权或股权予以无对价强制收回：

（1）违反国家法律、法规，情节严重而被判定任何刑事责任的；

（2）甲方有足够证据证明激励对象在任职期间，存在泄露甲方秘密、损害甲方声誉等行为，给甲方造成重大损失的；

（3）严重失职、渎职给甲方造成损失的；

（4）乙方因故意或重大过失而被甲方解聘的；

（5）直接或间接拥有、管理、经营、控制与甲方所从事业务相类似或相竞争的业务的；

（6）擅自转让、质押、信托或以其他任何方式处分其直接或间接持有的甲方股权的；

（7）甲方认定的其他严重损害其利益的问题。

五、限制性股权的分红

自乙方出资购买甲方限制性股权之日起，即有权按照对应的甲方持股比例享有分红的权利。甲方直接以现金方式向乙方进行分红（个人所得税由乙方承担），具体分红方案由甲方股东会决定。

六、特别注意事项

6.1　本次限制性股权的授予是甲方内部管理行为，本协议的生效并不意味着乙方同时获得甲方对其持续雇佣的任何承诺，乙方与甲方的劳动关系，依照《劳动合同法》以及乙方与甲方生效的劳动合同办理。

6.2　未经甲方许可，乙方不得将本协议有关条款泄露给任何第三方，否则甲方有权解除本协议并收回已经授予的限制性股权或股权。

七、免责声明

属于下列情形之一的，甲、乙双方均不承担违约责任：

(1) 本股权激励协议是依照协议生效时的国家现行政策、法律法规制定的。如果本协议履行过程中遇法律、政策等的变化致使甲方无法履行本协议，甲方不负任何法律责任。

(2) 甲方因并购、重组、改制、分立、合并、注册资本增减等原因致使甲方实际控制人发生改变的，本协议可不再履行。

八、争议解决

8.1　乙方已充分阅读本协议的全部条款，并已知悉甲方的相关制度（包括现行的以及在本协议履行中未来新增的制度）。对本协议条款有疑问时，应根据甲方的制度进行解释。

8.2　如协议履行中出现争议，应按协议条款及甲方有关制度进行协商解决，协商不成的，任意一方有权向甲方所在地人民法院起诉。

九、通知

本协议项下的各类通知、协议等文件以及就协议发生纠纷时相关文件和法律文书送达时的地址及联系方式，各方确认如下：

甲方指定联系人：	乙方指定联系人：
通信地址：	通信地址：
电子邮箱：	电子邮箱：
联系方式：	联系方式：

十、附则

10.1　本协议一式两份，双方各执一份，经双方签字盖章且满足本协议第一条前提条件后生效。

10.2　甲、乙双方根据相关税务法律的规定承担与本协议相应的纳税义务。

10.3　本协议未尽事宜由双方另行签订补充协议，补充协议与本协议具有同等效力。

10.4　若根据任何法律法规或公共政策，本协议的任何条款或其他规定被认定无效、不合法或不可执行，本协议的所有其他条款和规定仍应保持其全部效力。

（本页以下无正文，为签署页）

本页为____________有限责任公司《限制性股权激励协议》之签字页。

签约各方已完全理解本协议的法律含义，并承诺遵守本协议之规定享有权利及履行义务。

甲　方（盖章）：

授权代表：

日　期：

乙　方：（签名）

公民身份号码：

日　期：

附录 7：干股合作协议

甲　方：____________有限公司

住所地：

法定代表人：

乙　方：

公民身份号码：

电子邮件：

联系电话：

送达地址：

鉴于乙方运用其在________方面的专业技术和管理经验为甲方进一步提高公司技术水平和经济效益，经双方友好协商，双方同意甲方以干股的方式对乙方进行奖励和激励。为明确双方的权利义务，特订立以下协议：

一、定义

1. 干股：指经公司股东同意记载在公司内部股东名册但不在工商部门登记的股权，对外不产生法律效力，乙方不得以此干股对外作为在甲方拥有资产的依据。干股的拥有者仅享有参与公司年终利润的分配权，而无所有权和其他权利，不得转让和继承。

2. 分红：指公司年终税后的可分配的净利润。

二、干股的数额

甲方根据乙方的专业技术和管理经验，授予乙方________%的干股。

三、分红的取得

在扣除应交税款后，甲方按以下方式将乙方可得分红授予乙方。

1. 在确定乙方可得分红的三十个工作日内，甲方将乙方可得分红支付给乙方。

2. 乙方取得的干股分红以人民币形式支付，除非乙方同意，甲方不得以其他形式支付。

四、乙方权利义务

1. 乙方在获得甲方授予干股的同时，须与甲方签订劳动合同，担任甲方__________职位，负责甲方__________的工作，劳动合同年限不得低于__________年。

2. 乙方在任职期间按照劳动合同的约定享受工资等福利待遇。

五、合作期限

1. 本协议期限为________年，于________年____月____日开始，并于________年____月____日届满。

2. 合作期限届满后，乙方不再享有本协议约定的干股份额，除非双方在到期日之前签署书面协议，续展本合同期限。

六、保密义务

乙方对本协议的内容承担保密义务，不得向第三人泄露本协议中乙方所得干股股权、分红等情况以及保密协议要求的若干事项，除非事先征得甲方的许可。

七、违约责任

如乙方违反本协议和劳动合同的约定，甲方有权提前解除本合同并终止乙方享有干股的权益，造成甲方损失的，乙方需赔偿甲方的全部损失。

八、争议的解决

如果发生由本合同引起或者相关的争议，双方应当首先争取友好协商来解决争议。如果双方协商不成，则将该争议提交甲方所在地的人民法院诉讼解决。

九、合同生效及其他

1. 本协议自双方签字盖章之日起即发生法律效力。

2. 本协议手写/涂改部分无效。

3. 本协议一式两份，甲、乙双方各执一份，具有同等法律效力。

4. 本协议未尽事宜，双方可协商签订补充协议。补充协议与本协议具有同等法律效力。

（以下无正文）

甲方（盖章）： 乙方（签名）：

授权人签字：

年 月 日

附录8：技术入股协议书

甲方：______________，公民身份号码：

住所地：

乙方：______________，公民身份号码：

住所地：

甲、乙双方经友好协商，根据《中华人民共和国民法典》《中华人民共和国公司法》等法律、法规的规定，就乙方以技术入股__________有限责任公司（以下简称公司）相关事宜，达成如下协议，以资双方共同遵守：

一、合作项目

合作项目内容：甲方和乙方合作共同成立公司，甲方享有公司_____%的股权；乙方以技术入股，享有公司_____%的股权，上述股权均采用认缴制。公司主要经营项目：______________________________。

二、甲方权利和义务

1. 甲方作为公司的创始人和主要发起人负责公司的总体运营和统筹管理。

2. 甲方有权引进投资方，投资人的股权由各股东按股权同比例稀释转让给投资方，所得资金作为本项目的后续发展资金。

三、乙方权利和义务

1. 乙方负责提供本项目所需的全部硬件技术支持，搭建完成本项目所需的硬件技术团队。

2. 双方约定本项目成熟期为三年。第一年自_______年____月____日至_______年____月____日，乙方及乙方技术团队需要完成产品一期以上；

________年____月____日至________年____月____日，乙方及乙方技术团队需改进产品两期以上，并且在公司组建完整的硬件技术团队；第二年、第三年，以当年的公司战略规划为准，乙方及乙方技术团队需要配合公司年初战略目标制定兑现条件。

3. 乙方承诺乙方及乙方技术团队成员独立研发本项目所涉的全部硬件技术，不涉及侵犯其他任何第三方知识产权或其他权利，如涉及侵犯他人权利问题导致的全部法律责任均由乙方承担。

4. 乙方及乙方技术团队成员均应当对本项目的技术保密，技术保密的载体形式包括但不限于文件、资料、报告、信件、传真、磁带、磁盘、仪器以及其他形式的载体。

5. 乙方保证其入股技术及技术背景在同行业中的先进性和可行性。本项目所涉的全部硬件技术和源代码归属于公司。

6. 乙方保证乙方技术团队的稳定性。技术团队成员名单为__________，如乙方更换团队成员需要通知甲方，重新备案。如乙方团队技术人员离职，则其掌握的本项目的任何技术资料均应当交还公司，乙方应当保证其离职技术团队成员对于所掌握的本项目的任何技术信息予以保密。

7. 本项目成熟期届满之前，乙方不得将上述股权用于赠与、抵押、质押、互易或转让等交易。如有特殊情况乙方需要转让，甲方拥有优先购买权。

8. 乙方不得将公司的技术成果（包括乙方入股的技术）、商业秘密或其他知识产权有偿或无偿地泄露、披露、让他人使用，或自用于无益于公司的用途。在遵守保密制度的前提下，乙方为公司利益在公司内部的使用和披露行为不受此限。

四、转让和退出

1. 由于乙方系技术入股，故乙方享有公司________%的股权按照三年时间成熟，自________年____月____日至________年____月____日止（上述期间与项目成熟期期间相同）。乙方及乙方技术团队每年完成本合同第三条第二款所涉任务指标，乙方享有的股权即成熟三分之一：第一年完成任务享有公司________%的股权；第二年完成任务享有公司________%的股权；第三年完成任务享有公司________%的股权。若任意一年未完成任务，则乙方自愿将当年应成熟的股权由甲方全部无偿受让。

2. 乙方享有公司________%的股权可以在自己团队内部流转，但工商变更登记需本项目成熟期满后经公司股东会决议通过后予以变更。

五、专利和知识产权

乙方在合作期间以及退出合作后________年内，合作经营期间公司相关产品的发明、实用新型、外观设计、开发产品以及相关的知识产权等均属于公司职务成果或商业秘密，其知识产权均属于公司。乙方违反竞业禁止进行研发的，新成果的知识产权属于公司。

六、保密条款

本协议及与本协议相关的任何信息、文件资料属于双方的商业秘密，双方均负有保密义务。乙方应当保证其技术团队成员对所知晓的本协议内容亦负有保密义务。

七、竞业限制

乙方及乙方技术团队成员在公司期间和离开公司后______年内，未经甲方同意，不得以任何名义在他处从事或者以他人名义从事与公司经营类似或有竞争业务的工作，也不得以任何名义设立与公司经营类似或有竞争业务的企业。

八、违约责任

1. 本协议正式签订后，任何一方不履行或不完全履行本协议约定条款的，即构成违约。违约方应当负责赔偿其违约行为给守约方造成的损失。

2. 若乙方或其技术团队成员将公司的技术成果（包括乙方入股的技术）、商业秘密或其他知识产权有偿或无偿地泄露、披露、让他人使用，或自用于无益于公司的用途，应当承担违约产生的全部法律责任。

3. 若乙方或其技术团队成员违反了本协议的保密义务，应当承担违约产生的全部法律责任。

九、适用法律及争议解决

1. 本协议适用中华人民共和国的法律。

2. 凡因履行本协议所发生的或与本协议有关的一切争议双方应当通过友好协商解决；如协议不成，则通过诉讼解决，由协议签订地人民法院管辖。

十、合同生效及其他

1. 本协议自双方签字之日起即发生法律效力。

2. 本协议手写/涂改部分无效。

3. 本协议一式三份，甲、乙双方各执一份，公司留存一份。

4. 本协议未尽事宜，双方可协商签订补充协议。补充协议与本协议具有同等法律效力。

（以下无正文）

甲方（盖章）：________　　　　乙方（签字）：________

联系电话：　　　　　　　　　　联系电话：

________年____月____日　　　　________年____月____日

签订地点：________市________区

附录9：股权期权合作协议书

甲　方：

住所地：

乙　方：

住所地：

鉴于：甲方系________________有限公司（以下简称公司）的创始控股股东，乙方自愿加入公司共同创业，同心协力共同推进公司发展壮大。

甲、乙双方经友好协商，根据《公司法》《民法典》等法律、法规的规定，就双方合作共赢的相关事项达成如下条款，以资双方共同遵守：

一、公司的基本情况

________________有限公司注册资本为人民币________万元，住所地：__________________。经营范围为：________________，具体以工商登记为准______________，法定代表人为甲方。

二、目前公司的股权架构

甲方认缴出资人民币________万元，占公司________%的股权；乙方认缴出资人民币________万元，占公司________%的股权。

三、乙方的义务

3.1　乙方应自本协议签订之日起________个月内全职加入公司。

3.2　乙方主要负责公司项目的渠道拓展；负责协调处理项目外部公共关系（政府、重要客户等）；负责统筹规划公司各部门对外合作、渠道管理等相关工作的落实。

四、乙方的权利

4.1 乙方获得的股权期权为人民币________万元（按目前公司注册资本换算），占公司股权比例的________%。

4.2 甲方承诺自乙方入职之日起两年内通过期权平台（有限合伙企业）的形式使得乙方间接持有公司________%（人民币________万元）的股权，每年授予乙方________%的股权。乙方根据相关税务法律的规定承担与本协议相应的纳税义务。

4.3 在乙方完全获得股权之前，若公司注册资本发生变化或股权结构发生变化，则乙方间接持有的公司股权将同比例稀释，但甲方保证乙方的经济利益不受影响。

五、股权期权取消

5.1 乙方的股权期权未被完全授予之前，如发生以下三种情况之一，未授予的股权期权自动取消，已授予股权由甲方按照合理的价格予以强制回购：

（1）乙方主动从公司离职的。

（2）乙方因自身原因不能履行职务的，包括但不限于疾病离岗、死亡、丧失民事行为能力等。

（3）乙方非因故意或重大过失被公司解聘的。

5.2 乙方有以下情形之一的，已授予的股权由甲方予以无对价强制收回，未授予的股权期权自动取消：

（1）违反国家法律、法规，情节严重而被判定任何刑事责任的。

（2）甲方或公司有足够证据证明乙方在任职期间，存在泄露公司秘密、损害公司声誉等行为，给公司造成损失的。

（3）严重失职、渎职给公司造成损失的。

（4）乙方因故意或重大过失而被公司解聘的。

（5）直接或间接拥有、管理、经营、控制与公司所从事业务相类似或相竞争业务的。

（6）甲方或公司认定的其他严重损害公司利益的问题。

六、权利限制

6.1　乙方在任职期间以及离职后出售股权，甲方均具有优先购买权。

6.2　乙方不得以任何方式将公司股权期权及股权用于设定抵押、质押、担保、交换、还债、赠与、继承（乙方的继承人仅能继承股权财产权益，不能继承股东资格）等导致股权或者期权转移。

6.3　乙方配偶需要出具承诺书确认乙方基于本协议获得的股权期权，乙方配偶仅享有婚姻存续期间夫妻共同财产部分的经济利益，乙方配偶承诺放弃任何其他权益。

七、特别约定

7.1　本协议系基于双方股权期权合作，本协议的生效并不意味着乙方同时获得公司对其持续雇佣的任何承诺。乙方与公司的劳动关系，依照《劳动合同法》以及乙方与公司签署生效的劳动合同办理。

7.2　未经甲方许可，乙方不得将本协议有关条款泄露给任何第三方，否则甲方有权解除本协议并收回已经授予的股权及期权。

7.3　乙方在行权（获得股权）后离职的，自离职之日起两年内（自劳动关系解除之日起计算）不得到与公司有竞争关系的单位就职，不得自办与公司有竞争关系的企业或者从事与公司商业秘密有关的产品的生产。若违反本条款，乙方应当将其因获得股权所得全部收益返还给甲方，并承担与其获得股权所得收益同等金额的违约金，若给公司造成损失，还应同时向公司承担赔偿责任。

八、适用法律及争议解决

8.1　本协议适用中华人民共和国的法律。

8.2　凡因履行本协议所发生的或与木协议有关的一切争议双方应当通过友好协商解决；如协议不成，则通过诉讼解决，由协议签订地人民法院管辖。

九、合同生效及其他

9.1　本协议自双方签字之日起即发生法律效力。

9.2　本协议手写/涂改部分无效。

9.3　本协议一式三份，甲、乙双方各执一份，公司留存一份。

9.4　本协议未尽事宜，双方可协商签订补充协议。补充协议与本协议具有同等法律效力。

（本页无正文，为签署页）

甲方：________________	乙方：________________
联系电话：____________	联系电话：____________
________年____月____日	________年____月____日

协议签订地：________市________区

附录10：________有限公司员工持股协议书

甲　方：

法定代表人：

住所地：

乙　方：

现任岗位：

公民身份号码：

联系方式：

家庭住址：

鉴于甲方对乙方工作能力及岗位贡献的评估和认可，根据我国《公司法》《证券法》《公司章程》的相关规定，甲、乙双方就______________有限公司股权购买、持有、行权、变更等相关事项达成如下协议。

一、股权的授予

（一）实股部分

甲方授予乙方：

________有限公司实际股权________股。

（二）虚股部分

甲方除授予乙方实际股权之外，同时授予乙方：

________有限公司虚拟股权（身股）________股。

二、股权的价格

（一）实股部分

1. 乙方需为所获授的实际股权支付转让对价，根据双方认可的公司股权价值计算方法，乙方共需为所获授的实际股权支付人民币总计________元的购股款。

2. 乙方所需支付的费用，可在________年至________年分________期支付完毕，分期缴付比例及金额为：____________________。

3. 乙方最迟应于每一年度____月____日之前按照上述约定比例向甲方缴付购买实际股权的费用。

4. 购股费用全部缴付完毕，乙方即可向甲方董事会申请启动股权转让程序，完成股权变更的相关法律手续。

5. 乙方可视个人具体情况，选择提前缴清购买实际股权的费用。

（二）虚拟股权

乙方无须为所获授的虚拟股权支付认购费用。

三、行权条件

1. 乙方需签署业绩（利润）指标承诺书。________年至________年期间的每一年度，乙方必须完成其所签署业绩（利润）指标承诺书上列明的经营指标，方可享受当年度利润分红。

2. 甲方有权根据市场发展情况调高或调低集团公司和子公司的利润目标。

3. 甲方将对乙方进行常规绩效考核，每年进行两次。连续两次考核被认定为不合格的，取消当年分红资格。连续两年考核被认定为不合格的，解除劳动合同并取消全部激励股权（包括实股部分和虚股部分）。

4. 乙方需在规定时间内缴清购股费用，方能办理相关股权转让手续。不能按期缴付的，视作放弃实际股权。

四、股权激励的约束

1. 甲方认可乙方具有建立在利润指标达成基础上的分红权和股权增值权。

2. 甲方认可乙方具有参与股权激励方案设计和调整的表达权和建议权。

3. 乙方须遵守《公司法》《证券法》《公司章程》的有关规定。

4. 乙方获授的股权不得擅自转让、赠与、设置任何抵押、质押等担保限制。乙方对股权的前述处置行为须经甲方董事会批准。

5. 乙方获授的股权，在完成股权转让及工商注册变更登记前仅参与分红，但不具有投票权和表决权。

6. 乙方自行承担其股权收益、交易所产生的各种税费。

五、股权的变更和取消

（一）股权的变更

1. 调岗。当乙方在本次股权激励计划存续期内因调岗而发生职务变化，股权应遵循“股随岗变”的原则，以与新岗位相匹配。

2. 离职。乙方主动离职，虚拟股权取消，实际股权由甲方安排相关方独家回购，回购价格按照________的计算方法定价，回购时应先冲销尚未缴付完毕的购买股权费用。

3. 退休。乙方退休时，虚拟股权取消，实际股权可以保留，也可以逐步或一次性退出，由乙方自行决定，退出实际股权由甲方安排相关方独家回购，回购价格按照________的计算方法定价。

4. 丧失劳动能力。乙方因生病或其他原因导致丧失劳动能力的，虚拟股权取消，实际股权可以保留，也可以逐步或一次性全部退出，由乙方自行决定，退出的实际股权（银股）由甲方独家回购，回购价格按照________的计算方法定价。

5. 死亡。乙方死亡的，虚拟股权取消，其所持实际股权不可继承，应予以一次性全部退出，由甲方独家回购，回购价格按照________的计算方法定价。

（二）股权的取消

乙方有下述行为的可取消激励对象已经获授的股权：

1. 触犯国家法律。

2. 违反职业道德。

3. 泄露公司机密。

4. 违反竞业协议。

5. 因严重违反公司制度导致公司与其解除劳动合同。

6. 其他经公司董事会认定的损害公司利益的行为。

六、股权的转让

1. 经甲方董事会批准，乙方可以转让所持股权，由甲方安排相关方独家回购。

2. 收购的价格，以乙方获授股权时的原始价格为基数。获授股权后，第一年内申请转让退出的，甲方以原始价格 1∶1 回购。两年到三年之间申请转让退出的，甲方以 1.5 倍原始价格回购。四年到五年之间申请转让退出的，甲方以 1.8 倍原始价格回购。五年以上申请转让退出的，甲方以 2 倍原始价格回购。

七、股权激励的生效和终止

（一）股权激励的生效

甲方对乙方本次激励计划的有效期为________年____月____日至________年____月____日。

（二）股权激励的终止

1. 当出现下列情况之一时，甲方有权终止对乙方的股权激励计划：

（1）出现法律、法规规定的必须终止的情况；

（2）经营出现亏损导致甲方被收购、合并、破产或解散；

（3）甲方董事会决议提前终止实施股权激励计划的其他情形。

2. 因甲方终止股权激励计划而造成乙方的实际损失，由甲、乙双方协商对乙方的补偿方案。

八、特别注意事项

8.1　本次股权激励计划是甲方内部管理行为，本协议的生效并不意味着乙方同时获得甲方对其持续雇佣的任何承诺，乙方与甲方的劳动关系，依照

《劳动合同法》以及乙方与甲方生效的劳动合同办理。

8.2　未经甲方许可，乙方不得将本协议有关条款泄露给任何第三方，否则甲方有权解除本协议并收回已经授予的实际股权和虚拟股权。

九、免责声明

出现下列情形之一的，甲、乙双方均不承担违约责任：

(1) 甲、乙双方签署的本员工持股协议书是依照协议生效时的国家现行法律法规、政策制定的。如果本协议履行过程中遇法律法规、政策等变化致使甲方无法履行本协议，甲方不负任何法律责任。

(2) 因并购、重组、改制、分立、合并、注册资本增减等原因致使甲方实际控制人发生改变的，本协议可不再履行。

十、争议解决

10.1　乙方已充分阅读本协议的全部条款，并已知悉甲方的相关制度（包括现行的以及在本协议履行中未来新增的制度），若对本协议条款有疑问，应根据甲方的制度进行解释。

10.2　如协议履行中出现争议，应按协议条款及甲方有关制度进行协商解决，协商不成的，任意一方有权向甲方所在地人民法院起诉。

十一、通知

本协议项下的各类通知、协议等文件以及就协议发生纠纷时相关文件和法律文书送达时的地址及联系方式，各方确认如下：

甲方指定联系人：	乙方指定联系人：
通信地址：	通信地址：
电子邮箱：	电子邮箱：
联系方式：	联系方式：

十二、附则

12.1　本协议一式两份，双方各执一份，经双方签字盖章后生效。

12.2　甲、乙双方根据相关税务法律的规定承担本协议项下相应的纳税义务。

12.3 本协议未尽事宜由双方另行签署补充协议，补充协议与本协议具有同等法律效力。

12.4 若根据任何法律法规或公共政策，本协议的任何条款或其他规定被认定为无效、不合法或不可执行，本协议的所有其他条款和规定仍应保持其全部效力。

（以下无正文）

甲方（盖章）：　　　　　　　　乙方（签字）：

________年____月____日　　　　________年____月____日

附录11：有限公司章程（含股权激励相关内容）

第一章　总　　则

第一条　为规范公司的组织和行为，保障公司、股东和债权人的合法权益，根据《中华人民共和国公司法》（以下简称《公司法》）和有关法律、法规规定，结合公司的实际情况，特制定本章程。

第二条　公司名称：________________有限公司。

第三条　公司住所：________市________区________路________号。

第四条　公司在________市市场监督管理局登记注册，公司经营期限为____年。

第五条　公司为有限责任公司。实行独立核算、自主经营、自负盈亏。股东以其所持股份为限对公司承担责任，公司以其全部资产对公司的债务承担责任。

第六条　公司坚决遵守国家法律、法规及本章程规定，维护国家利益和社会公共利益，接受政府有关部门监督。

第七条　本公司章程对公司、股东、董事、监事、高级管理人员均具有约束力。

第八条　本章程由全体股东共同订立，在公司注册后生效。

第二章　公司的经营范围

第九条　本公司经营范围为：________________以公司登记机关核定的经营范围为准。

第三章　公司注册资本

第十条　本公司认缴注册资本为____万元。

第四章　股东的名称（姓名）、出资方式及出资额

第十一条　公司由四个股东组成：

股东一：

法定代表人：

住所地：

以货币方式认缴出资____万元，占注册资本的________%，于公司注册且完成银行账户开户后30日内缴纳，不迟于2023年____月____日。

股东二：

执行事务合伙人：

住所地：

以货币方式认缴出资____万元，占注册资本的________%，于公司注册且完成银行账户开户后30日内缴纳，不迟于2023年____月____日。

股东三：

执行事务合伙人：

住所地：

以货币方式认缴出资____万元，占注册资本的________%，于公司注册且完成银行账户开户后30日内缴纳，不迟于2023年____月____日。

股东四：

执行事务合伙人：

住所地：

以货币方式认缴出资____万元，占注册资本的________%，于公司注册且完成银行账户开户后30日内缴纳，不迟于2023年____月____日。

第五章　公司的机构及其产生办法、职权、议事规则

第十二条　公司股东会由全体股东组成，股东会是公司的权力机构，依法行使《公司法》第59条规定的以下8项职权：

1. 选举和更换董事、监事，决定有关董事、监事的报酬事项；

2. 审议批准董事会的报告；

3. 审议批准监事会的报告；

4. 审议批准公司的利润分配方案和弥补亏损方案；

5. 对公司增加或者减少注册资本作出决议；

6. 对发行公司债券作出决议；

7. 对公司合并、分立、解散、清算或者变更公司形式作出决议；

8. 修改公司章程。

除此之外，公司股东会还有权行使下列职权：

1. 对公司为公司股东或者实际控制人提供担保作出决议。

2. 对公司向其他企业投资或者为除前一项以外的人提供担保作出决议。

3. 对公司聘用、解聘承办公司审计业务的会计师事务所作出决议。

4. 对公司对外进行的任何收购、兼并、重组、分立等作出决议。

5. 对公司主营业务的重大变更作出决议。

6. 对公司为其他企业或个人提供的任何形式的担保作出决议。

7. 对公司与其他关联公司或关联个人的重大交易作出决议。

8. 对公司对外投资单项金额超过人民币100万元的交易作出决议。

9. 对关于公司知识产权的购买、出售、专有许可等处置事项作出决议。

10. 聘任或解聘总经理和财务总监。

11. 对公司实施股权激励相关事宜作出决议。

对前款所列事项股东以书面形式一致表示同意的，可以不召开股东会会议，直接作出决定，并由全体股东在决定文件上签名或者盖章。

第十三条　股东会以召开股东会会议的方式议事，法人股东由法定代表人参加，自然人股东由本人参加，因事不能参加可以书面委托他人参加。

股东会会议分为定期会议和临时会议两种：

1. 定期会议

定期会议一年召开一次，时间为每年三月召开。

2. 临时会议

代表十分之一以上表决权的股东、董事、监事提议召开临时会议的，应当召开临时会议。

第十四条 股东会的表决程序。

1. 会议通知

召开股东会会议，应当于会议召开十五日以前通知全体股东，书面通知和口头通知均可，书面通知发送至本章程第十一条约定的各股东联系地址。

2. 会议主持

股东会会议由董事召集和主持。董事不能履行或者不履行召集股东会会议职责的，由监事召集和主持；监事不召集和主持的，代表十分之一以上表决权的股东可以自行召集和主持。股东会的首次会议由出资最多的股东召集和主持，依照《公司法》规定行使职权。

3. 会议表决

股东会会议由股东按出资比例行使表决权，股东会每项决议需代表多少表决权的股东通过规定如下：

（1）股东会对公司增加或减少注册资本、分立、合并、解散或变更公司形式作出决议，必须经代表三分之二以上表决权的股东通过。

（2）公司可以修改章程，修改公司章程的决议必须经代表三分之二以上表决权的股东通过。

（3）股东会对公司为公司股东或者实际控制人提供担保作出决议，应当经出席会议的除上述股东或受实际控制人支配的股东以外的其他股东所持表决权的100%以上通过。

（4）对第十二条第二款第1—11项股东会职权中所列事项作出的决议必须经代表三分之二以上表决权的股东通过。

（5）股东会的其他决议必须经代表二分之一以上表决权的股东通过。

4. 会议记录

召开股东会会议，应详细做好会议记录，出席会议的股东必须在会议记录上签名。

第十五条 公司不设董事会，设董事一名，行使董事会的职权，经股东会选举产生。

第十六条　董事对股东会负责，依法行使下列职权：

1. 召集股东会会议，并向股东会报告工作。

2. 执行股东会的决议。

3. 决定公司的经营计划和投资方案。

4. 制订公司的年度财务预算方案（含全体员工总体薪酬方案）、决算方案。

5. 制订公司的利润分配方案（注：如果公司产生盈利，所有股东按照股权比例分红，公司每年以现金形式分配的利润不少于当年实现的可供分配利润的10%）和弥补亏损方案。

6. 制订公司增加或者减少注册资本以及发行公司债券的方案。

7. 制订公司合并、分立、解散或者变更公司形式的方案。

8. 决定公司内部管理机构的设置。

9. 决定聘任或者解聘公司经理及其报酬，并根据经理的提名决定聘任或者解聘公司副经理、财务负责人、技术负责人及前述人员报酬方案事项。

10. 制定公司的基本管理制度。

11. 股东会授予的其他职权。

第十七条　董事每届任期三年，董事任期届满，可以连选连任。

第十八条　公司设经理，由董事聘任或者解聘。根据公司章程的规定或者董事的授权行使职权。

第十九条　公司不设监事会，设监事一人，由非职工代表担任，经股东会选举产生。

第二十条　监事任期每届三年，监事任期届满，可以连选连任。监事任期届满未及时改选，或者监事在任期内辞职的，在改选出的监事就任前，原监事仍应当依照法律、行政法规和公司章程的规定，履行监事职务。

董事、高级管理人员不得兼任监事。

第二十一条　监事对股东会负责，依法行使下列职权：

1. 检查公司财务。

2. 对董事、高级管理人员执行公司职务的行为进行监督，对违反法律、行政法规、公司章程或者股东会决议的执行董事、高级管理人员提出解任的建议。

3. 当董事、高级管理人员的行为损害公司的利益时，要求董事、高级管理人员予以纠正。

4. 提议召开临时股东会会议，在董事不履行《公司法》规定的召集和主持股东会会议职责时召集和主持股东会会议。

5. 向股东会会议提出提案。

6. 依照《公司法》第 189 条的规定，对董事、高级管理人员提起诉讼。

监事发现公司经营情况异常，可以进行调查；必要时，可以聘请会计师事务所等协助其工作，费用由公司承担。

第六章　公司的股权转让

第二十二条　公司的股东之间可以相互转让其全部或者部分股权。

第二十三条　股东向股东以外的人转让股权的，应当将股权转让的数量、价格、支付方式和期限等事项书面通知其他股东，其他股东在同等条件下有优先购买权。股东自接到书面通知之日起三十日内未答复的，视为放弃优先购买权。两个以上股东行使优先购买权的，协商确定各自的购买比例；协商不成的，按照转让时各自的出资比例行使优先购买权。

第二十四条　本公司股东转让股权，应当先召开股东会，股东会决议应经全体股东一致通过并盖章、签字。如全体股东未能取得一致意见，则按本章程第二十二条、第二十三条的规定执行。

第二十五条　公司股权转让的其他事项按《公司法》第 84 条至第 90 条规定执行。

第七章　公司的法定代表人

第二十六条　公司的法定代表人由代表公司执行公司事务的董事担任。

第八章　附　　则

第二十七条　本章程原件一式六份，其中每个股东各执一份，送公司登记机关一份，公司留存一份。

公司全体股东

法人股东（盖章）：

法定代表人（签字）：

执行事务合伙人（签字）：

日期：

后 记

在本书写作之前，2018 年我曾写过一本关于创业者开设公司，遇到股权问题如何应对的实务书籍《股权一本通：创业者必备的股权知识》。此书出版后，我收到了很多读者的褒奖、鼓励和支持，欣喜之余，也极大地增强了我继续写作的动力。

这些年，我的工作也有一些变化，我离开自己联合开设的律师事务所，转而进入了浙江最大的律师事务所之一——浙江六和律师事务所执业。在六和平台，我持续潜心做减法，主要深耕股权法律服务细分领域，我得到了很多前辈、同事、朋友们的指导和帮助。同时，在这些年的股权法律服务过程中，我看到的、听到的、掌握到的第一手资料又丰富了不少，尤其是在人力资源领域提供股权激励法律服务的过程中，我深感很多非上市公司亟须厘清和掌握股权激励实操的技巧，据此我有了写作本书的想法。

囿于自身专业知识，借助大数据搜索工具的能力也相对欠缺，在本书写作过程中我遇到了很多困难和挑战，几易其稿，反反复复打磨近一年的时间本书终于完成。

在本书的最后，我想真挚地表达我的感激之情。首先，我要感谢我的家人们，他们不仅给我提供了舒适的写作环境，也给予了我诸多生活上的帮助和支持。其次，我要感谢我的团队成员沈梦莎，还有实习生万一心、田宇珍，对于本书的核稿工作提供了帮助。再次，我要感谢我的单位同事万剑飞律师、俞洁律师、孙登律师，他们不仅在本书的创作过程中提供了诸多支持和鼓励，也提供了很多自身亲办的股权纠纷或股权设计案例，使本书的实务案例更加丰满；同时，我要感谢事务所的行政团队同事于欢、张舒宁对本书的协助。又次，我还要感谢出版社和编辑们的精诚合作。他们的专业知识和严谨精神，使本书可以更高一层，逻辑体系更周密。最后，我想再次感谢所有的读者。你们的支持和反馈是我持续研究和输出的最大动力。我希望你们能从这本书中获得一些有用的信息和思考，并在未来的工作中能够获得更多的启发和灵感。

路漫漫其修远兮，吾将上下而求索，让法律赋能商业，我们一直在路上！